KB141815

십대, 좋은 습관

# 1일
# 1실천

1일 1실천 습관은 너의 삶의 가치를 높여줄 거야!

# 십대, 좋은 습관

# 1일
# 1실천

이형준 지음

피플앤북스

## 구체적인 실천만이 사람을 변화시킨다

우리가 성장하는 데 격려만으로 충분할까? 나는 그렇게 생각하지 않는다. 구체적 지침은 격려 못지않게 지침이 중요하다. 많은 사람이 변화를 갈망하지만 이내 원래의 생활로 돌아간다. 이는 구체적인 지침이 없고, 그래서 방법을 모르기 때문이다. 정확한 방법을 알고 끈기 있게 실천한다면 우리는 더 나아질 수 있다.

나는 교육 현장에서 10년 이상의 세월을 보냈다. 그런데 말로만 설명하면 학생들이 변하지 않는 경우를 여러 번 보았다. 말로 설명만 하면 잠깐은 변화하는 듯 싶지만 이내 원래의 생활로 돌아가 버린다.

이것이 의미하는 바는 무엇일까? 우리에게 분명하고 구체적 지침이 필요하다는 의미다. 엄마가 자기 아이에게 하는 말을 생각해 보자. 엄마의 말은 복잡하지 않다. "가서 손 씻어라, 양치질 해라, 옷 갈아 입어라." 이같은 말이 어려운가? 그렇지 않다. 이러한 말은 즉각적으로 이해할 수 있고, 구체적으로 행동의 변화를 끌어낼 수 있다. 그렇다. 우리는 단순하고 쉬운 것에 반응한다. 그러니 간명한 원칙에 따라 일을 진행해야 하고, 한 번에 너무 많은 욕심을 부려서는 안 된다.

변화란 좋은 것이다. 세상은 변하는데 나 혼자 변하지 않겠다고 한들 그런 고집은 통하지 않는다. 다만 변화에는 원칙이 있고, 이를 얻으려면 일관된 훈련 역시 필요하다.

나는 일 년 동안 우리가 날마다 실천해야 할 행동의 덕목 38가지를 이 책에 정리해놓았다. 이 덕목은 비폭력대화 프로그램에서 다루는 내용에 내가 중요하다고 생각하는 내용을 더한 것이다. 때로 상반된 가치를 소개하고, 각각을 실천해 보라고 하는 경우도 있다. 그러나 혼란스러워할 필요는 없다. 왜냐하면 인간은 본래 양면적이고, 여러 가치를 동시에 배우며, 그 안에서 자기 주관을 확립해야 가기 때문이다.

예를 들어 우리는 어떤 때는 너그럽고, 또 어떤 때는 단호하다. 살면서 내가 어떤 사람인지 알려면 양쪽의 가치를 모두 추구하고 실천해 보아야 한다. 그래야 특정 상황에서 내가 어떻게 반응하는지 알 수 있다. 그렇지 않으면 내가 어떤 사람인지 아는 것은 평생 불가능하다. 책을 예로 들면, 공자의 『논어』와 마키아벨리의 『군주론』 중 하나만 읽어서는 곤란하다는 의미다. 어느 한쪽만 읽으면 편견편견이 굳어버린다. 그리고 자신에 대해 알 기회를 놓친다.

또한 우리는 쉬운 삶과 가치 있는 삶 속에서 헤맨다. 쉬운 것은 즐겁고 번거롭지 않다. 그러나 가치 있는 삶은 노력이 필요하다. 주말에 소파에 누워 뒹굴거리며 넷플릭스를 본 다음, 이번 주말은 참 보람찼다고 말하는 사람은 없다. 반대로 같은 시간 동안 공부를, 운동을, 봉사활동을 한 사람이라면 어떨까? 그들은 힘들고 어쩌면 하고 싶지 않은 일을 했는지도 모른다.

그러나 그렇게 보낸 시간은 스스로에게 긍지를 가져다준다. 우리가 가치 있는 삶을 살려 애쓰지 않는다면 그것은 성장 욕구가 부족해서가 아니라, 올바른 방법을 모르기 때문일 것이다. 의지력의 발휘는 사람마다 분명 다를 수 있다. 그러나 평범한 사람도 구체적인 방법이 주어진다면, 그리고 그것을 해내기만 한다면 변화는 가능하다.

나는 교육 분야에 종사하고 있다. 교육은 우리가 변화할 수 있고, 더 나아질 수 있다는 사실을 전제로 한다. 아울러 10년이 넘는 기간 동안 학생들을 가르치면서 교육이 천재를 대상으로 이루어진다고 생각해 본 적은 한 번도 없었다. 천재만이 해낼 수 있는 것이라면 그것은 전략이라 할 수 없다. 올바른 방법은 누가 해도 평균 이상의 성과를 낼 수 있는 것이고, 나는 그 방법을 찾기 위해 노력했다. 이 책은 그 결과물이다.

세상은 특정한 한 사람을 위해 돌아가지 않는다. 그러니 누구도 그 사실에 대해 불평할 이유는 없다. 당신이 가는 곳마다 레드 카펫이 깔리기를 바라지 마라. 대신 당신 신발 밑창을 보다 푹신한 것으로 바꾸어 보라. 그러는 편이 보다 현실적이다.

세상이 변화하길 기다리기보다 지금 당장 자신을 변화시켜 보자. 당신은 더 나아지고 싶은 열망이 있고, 그래서 이 책을 집어 들었다. 이제 매주 3가지 덕목을 매일 반복하여 실천하자. 스스로 성장하는 모습을 볼 때마다 삶은 더 즐거워지고, 자신에 대한 확신과 행복이 가득할 것이다.

# 차례

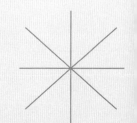

노력을 중단하는 것보다 더 위험한 것은 없다.
그것은 습관을 잃는다.
습관은 버리기는 쉽지만, 다시 들이기는 어렵다.
- 빅토르 마리 위고 -

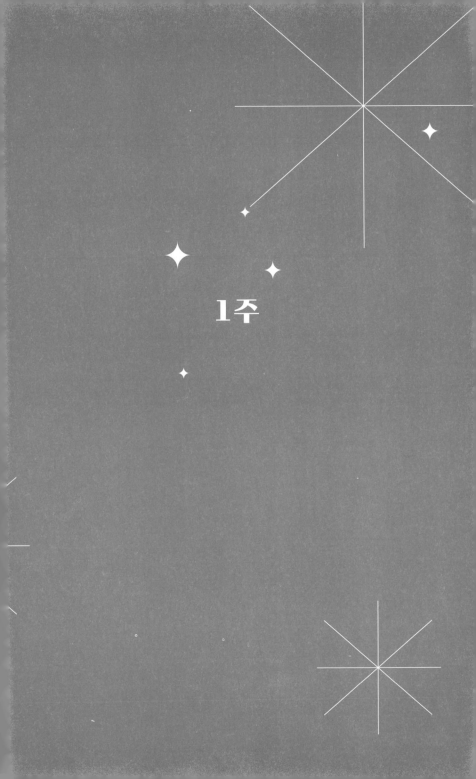

1주

# 감사

인생을 풍요롭게 사는 방법은 감사하는 마음을 갖는 것이다.

내가 아는 어떤 할아버지는 비가 오면 비가 와서 참 다행이고 감사하며, 날이 맑으면 맑아서 감사하다고 하셨다.

할아버지께 비가 오면 왜 감사하냐고 여쭸더니, 비를 맞아야 벼가 잘 자랄 테니 얼마나 감사하냐고 말씀하셨다. 해가 뜨면 또 뜨는 대로 벼가 잘 자랄 테고 말이다. 나는 그 말씀을 듣고 감사하는 행동이 습관이 될 수 있음을 배웠다.

우리는 살면서 부정적인 감정에 이리저리 흔들린다. 이는 일종의 불안 증세다. 그래서 나를 보호한다는 이유로, 세상을 부정적으로 바라본다. 그런 증세가 심해지면 신경은 바늘 끝처럼 예민해진다. 그리고 부정적인 결과가 나타나면 '거 봐, 내 말이 맞잖아'라고 생각한다. 이는 자기 확신에 의해 예언이 이루어진 것이다. 그러나 부정적 예언을 맞혀봐야 인생이 즐거울 리 없다.

그러니 삶을 즐겁게 살아가려면 위험을 좀 더 감수하더라도 내 삶을 행복하게 채워줄 수 있는 것들에 집중하는 편이 낫다. 그러기 위해 감사하는 습관을 들이는 것은 좋은 일이다.

종교를 가진 이들은 식사를 하기 전에 기도를 올린다.

유치원에서는 아이들이 밥을 먹기 전에 감사할 수 있도록 가르친다. 왜 그럴까? 내가 먹는 것들은 모두 누군가의 희생의 결과이기 때문이다.

농부의 노력만을 이야기하는 게 아니다. 한때 살아 있던 어떤 생명은 다른 생명을 살리는 데 쓰인다. 불로 굽거나 물에 끓여내어 나의 목숨을 잇는 일이 식사다. 그러므로 하루 3번의 식사는 3번의 희생을 내 몸으로 받아들이는 일이다. 일상의 식사를 이렇게 이해하면 매번 점심 메뉴 고르는 일이 귀찮다고 짜증을 부리는 일도 줄어들지 모른다. 무엇을 먹더라도 거기에는 늘 어떤 존재의 희생이 함께 한다는 사실을 기억하기 때문이다.

모두가 그렇듯 나 역시 원하는 것을 모두 갖고 태어나진 않았다. 그러나 그랬기에 이런 생각을 할 수 있었다. '원하는 것을 얻으려면 나는 어떤 노력을 해야 하는가?' 그러한 생각은 여러 형태의 시도로 이어졌고, 시도가 반복될수록 원하는 것을 하나하나 얻을 수 있었다. 그러니까 결핍은 내 경우 성공을 위해 꼭 필요한 것이었던 셈이다. 많은 이들이 그런 과정을 거치며 어른이 된다.

어린 시절의 결핍을 채우기 위해 노력하고 또 노력하며 살아가는 존재, 그것이 내가 생각하는 어른의 의미다. 결핍조차 감사할 수 있다면 우리는 무엇이든 감사할 수 있지 않을까.

세상은 감사할 것 천지다. 길가에 핀 예쁜 꽃은 기쁨과 즐거움을 준다. 우리가 그 사실에 감사하지 못하는 이유는 우리의 눈 닿는 곳에 꽃이 있음을 보지 않기 때문이다.

비난하고 비판하는 일은 쉽다. 감사란 애써 연습해야 하는 일이므로 처음부터 쉽지는 않다. 그러나 연습을 거듭할수록 좀 더 쉬운 일이 된다.

데일 카네기는 "비판은 귀소 본능을 가진 비둘기와 같아서 반드시 자신에게 돌아온다."고 말했다. 어디 비판뿐일까. 감사하고 즐거워하는 마음은 웃는 얼굴로 나타나고, 그러한 마음은 주변에 전달된다. 그리고 즐거움과 함께 감사하는 마음은 돌고 돌아 나에게도 온다.

그러니 이번 주는 대상에 상관없이 관찰하고 감사하는 마음을 가져보자. 정말로 마음에 들지 않는 사람이 눈앞에 있다면, 하다못해 상대방이 내 남자친구나 여자친구가 아니어서, 내 부모나 자식이 아니어서 감사할 수 있지 않겠는가? 모든 것은 생각하기 나름이다. 좋은 마음은 그것을 지니려는 습관에서 비롯된다. 그러니 이번 주는 무엇이든 감사하는 마음을 가져보자.

## · 이번주 할일 ·

□ 부모님께 감사한다고 말하거나 편지 쓰기

□ 오늘 무사히 눈 뜨고 일어난 것에 감사하기

□ 하루 2번 이상 식사할 수 있는 것에 감사하기

## · Memo ·

# 호기심

'호기심이 고양이를 죽인다'는 말이 있다. 이는 지나친 호기심을 갖지 말라는 의미다. 하지만 호기심이 없으면 사람은 발전하지 못한다. 호기심은 새로운 것, 경험하지 못한 것에 갖게 되는데, 이러한 호기심이 있어야 무엇이든 할 수 있다. 그러한 호기심은 사람을 성장하게 만드는 힘이 된다. 그러니 일단 호기심을 갖고 무엇이든 시도해 보자.

새로운 시도는 새로운 결과를 가져온다. 그것이 성공이든 실패든 말이다. 그러나 누적된 실패는 성공 가능성을 높이는 법이다.

또한 시도한 것에 대한 노력과 운의 합이 최대치에 달했을 때 성공을 누릴 수 있다. 들어갈 돈, 시간, 노력을 걱정하면서 아무

것도 하지 않는 사람이 있는데, 그것은 현 상태를 유지하는 것이 아니다. 도리어 후퇴하는 것이다. 왜냐하면 어느 분야나 이런저런 호기심을 갖고 새로운 시도를 하는 사람들은 늘 있게 마련이고, 그들 중 성공한 사람만이 남보다 앞서가기 때문이다. 그러므로 아무것도 하지 않는 사람은 점차 뒤로 밀린다. 그래서 그들은 결국 중간 자리조차 유지하지 못한다.

물론 새로운 일을 시도할 때는 두려움을 느끼기도 한다. 내가 선택한 일이 아닐 경우에는 특히 그렇다.

그러나 철학자 에머슨Ralph Waldo Emerson의 말대로 '당신이 두려워하는 그 일을 해야' 한다. 그것만이 두려움을 극복하는 방법이기 때문이다.

내가 첫 번째 책을 쓰려고 결심했을 때 나는 그 일을 어떻게 해야 하는지 아는 것이 없었다. 책의 주제를 정하고, 서문을 쓰고, 목차를 정하고, 다시 원고를 쓰는 과정, 그리고 그 원고를 출판사로 보내는 과정 중에 내가 제대로 아는 것이라곤 하나도 없었다.

책은 쓰고 싶었지만 아는 것이 없어서 계속된 두려움을 느꼈다. 내가 쓴 원고가 마음에 안 들어 고치고 또 고쳤던 이유는 이 것이 출판사에서 거절할 것이 '확실한' 원고였기 때문이었다. 책을 쓰고 고치고 하다가 마음에 들지도 않고 무엇을 어찌해야 할 지도 몰라 그냥 1년의 시간을 보냈다.

그리고 1년 후, 나는 다시 책을 썼다. 처음부터 완전히 다시 쓰는 작업이 시작되었지만, 두 번째 원고는 첫 번째 원고보다 훨씬 좋았고, 이 원고를 받아본 출판사들 몇 곳에서 연락이 왔다. 나는 그 중 한 곳과 계약했으며 꽤 오랫동안 사랑을 받았다.

이 모든 과정이 가능했던 이유는 해 보지 않았던 일을 시도했기 때문이다. 책을 쓰려면 공부를 해야 한다. 그래서 한 분야의 책을 수십 권씩 읽는 방법도 그때 배웠다. 책을 요약하고, 정리하고, 따로 보관한 자료를 어디에 어떻게 쓸 것인가를 생각하는 과정, 다시 말해 편집의 과정은 책쓰기의 7할이다.

나는 책을 쓸 때마다 이러한 기술이 점점 늘었다. 만약 아무 시도도 하지 않았다면 나는 작가라는 직업을 갖지 못했을 것이다.

호기심으로 무언가를 처음 시도하려면 현재의 편안함을 포기해야 한다. 그런데 새로운 시도를 하면 주변에선 타박과 야유를 하기도 한다. 그저 가만히만 있으면 중간이나 가는데 뭐 하러 이런저런 일을 벌이냐는 것이다. 착각이다. 앞서 말했거니와, 가만히 있으면 중간도 못 간다. 넘어지고 다쳐 깨지고 흉터가 생긴 무릎은 당신 인생의 훈장이며, 그러한 훈장을 받은 사람만이 성공의 계단을 오를 자격이 있다. 스스로의 노력을 입증하지 못하면서 성공의 계단에는 오르고 싶다고 한다면, 그건 의욕이 아니라 욕심이다.

기억해야 한다. 어제보다 나은 오늘은 어제와는 다른 시도를 할 때 가능한 일이다.

· 이번주할일 ·

☐ 오른손 대신 왼손으로 글씨 써보기

☐ 평소 먹지 않던 맛의 과자나 음료 먹어보기

☐ 친하지 않은 친구에게 말 걸어보기

· Memo ·

# 너그러움

사람이 성공하려면 두 가지 중 하나를 갖춰야 한다. 본인이 실력이 있거나, 주변 사람을 모으는 재주가 있거나 크게 성공하려면 두 번째가 낫다. 자기 혼자 해낼 수 있는 일의 크기는 정해져 있으나, 다른 사람들이 대신 일을 해주면 일의 규모를 무한대로 늘릴 수 있기 때문이다.

그러면 사람을 모으기 위해 필요한 것이 무엇일까? 여러 가지가 있겠으나 그 중 하나가 너그러움이다. 사람이 너그러우면 실수한 사람에게 관대할 수 있고, 자기비판에서도 자유롭다. 이는 중요한 문제인데, 그럴 수 있어야 실패를 하더라도 다시 도전할 수 있기 때문이다.

중국 제나라 맹상군<sup>孟嘗君</sup>에게는 풍환<sup>馮驩</sup>이라는 부하가 있었다. 어느 날, 맹상군이 풍환에게 백성들에게 빌려준 돈의 원금과 이자를 받아오라고 했다. 그러자 풍환은 마을로 가서 돈을 빌려간 이들을 돈을 갚을 능력이 있는 사람과 없는 사람으로 나누었다. 갚을 능력이 있는 사람들에게 돈을 받아 그것으로 잔치를 열고 어떤 사람이든 차별하지 않고 베풀었다. 돈을 갚을 능력이 없는 자의 계약 문서는 그 자리에서 찢었다. 그리고 이 모든 일은 자기 주군인 맹상군의 덕이라고 하였다. 마을 사람들은 감동하였다.

그러나 풍환이 빈손으로 돌아온 것을 안 맹상군이 화를 냈다. 그러자 풍환은 이렇게 대답한다. 갚을 가망이 없는 사람들에게 독촉을 해봐야 원망만 들을 것이니 그것이 무슨 소용이냐고 말이다. 그러니 차라리 백성들에게 생색이라도 내는 편이 낫다고 말이다.

이 말에 맹상군도 고개를 끄덕였다. 훗날 변덕스런 제나라 왕 때문에 맹상군이 재상의 지위에서 쫓겨나자 그가 먹여 살리던 식객食客 수천 명은 모조리 그를 떠난다. 남은 사람은 풍환 한 명뿐이었다.

얼마 후 풍환의 설득으로 제나라 왕이 맹상군을 재상으로 복

직시키자 다시 사람들이 모였다. 그들이 양심 없다고 화를 내는 맹상군에게 풍환은 이런 말을 들려 준다.

"아침에 사람들이 서둘러 시장市場에 모였다가 밤이 되면 시장을 떠나는 이유는 무엇입니까? 그것은 아침에는 시장이 좋았다가 저녁에는 시장이 싫어져서가 아닙니다. 아침에는 좋은 물건이 많으니 남보다 빠르게 얻고자 함이고 저녁이 되면 더 이상 물건이 없으니 서둘러 빠져나오려는 것뿐입니다. 그것이 세상의 인심이니 노여워하실 필요는 없습니다."

맹상군은 이 말을 듣고 자신을 떠난 사람들을 받아들였다. 그 숫자가 무려 3천 명에 이르렀다고 한다. 풍환의 지혜도 흥미롭지만, 맹상군의 도량 또한 범상치 않다.

두 사람은 인간성에 큰 기대를 품지 않아도 다른 사람에게 너그러울 수 있음을 보여준다. 바로 이 너그러움이 맹상군을 재상의 지위에까지 끌어올렸으며 그의 목숨을 여러 번 구해주었다.

너그러움은 곧 도량이다. 이는 당신이 계획하는 일의 성공의 크기를 결정한다. 일은 혼자 할 때보다 여럿이서 할 때 더 크고 빠르게 할 수 있다. 만약 자신의 도량의 크기가 작다고 판단되면 남에게 너그러울 수 있도록 연습해야 한다.

## · 이번 주 할 일 ·

☐ 상대의 부탁에 무조건 예스라고 해 보기

☐ 다른 사람에게 양보하기

☐ 친구의 실수를 10년 동안 비밀로 해주기로 약속하기

## · Memo ·

# 배움

조별 발표 과제를 해본 적이 있는가? 보통 조별 과제를 할 때 인기 있는 친구는 누구인가? 공부를 잘하고 맡은 일에 책임감이 있는 친구다. 이런 친구에게는 사람이 몰리고 교사들도 더 많은 기회를 준다.

직장에서도 마찬가지다. 관리자들은 언제나 자기 짐을 대신 맡아 줄 유능한 부하 직원이 필요하다. 또한 그런 직원에게는 다른 직원보다 50%의 월급을 더 주더라도 붙잡는 편이 낫다는 것을 알고 있다.

왜냐하면 그런 직원들은 다른 직원보다 200%, 300% 성과를 내기 때문이다. 다시 말해 월급 대비 두 명 혹은 세 명 분의 일을 해주니 월급을 좀 더 주더라도 손해가 아니라는 판단을 하는 것이다. 일반적인 사장이라면 이런 계산을 할 줄 안다.

유능한 사람이 되는 가장 좋은 방법은 하루 2시간 이상의 배움을 갖는 것이다. 되도록 젊을 때는 주말을 몽땅 희생해서라도 배우려 들어야 한다. 그러면 번 아웃에 빠지지 않겠느냐, 저녁이 있는 삶은 포기해야 하는 거냐고 물을지 모른다. 그러나 나는 평생 그렇게 살라고 말하는 것이 아니다. 한 분야를 선택했다면 5년 안에 승부를 볼 수 있다.

이런 생각을 해 보자. 똑같이 입사한 신입 사원 두 명이 있다. 한 명은 자기 부서 일만 하고 제 시간에 퇴근한다. 또 다른 한 명은 회사에 남아서 다른 부서의 업무까지 배우고, 일을 더 잘하려 애쓴다. 그러다 보면 그는 관심을 기울일 만한 또 다른 부서의 일을 자청해서 배운다. 한 사람은 '저녁이 있는 삶'을 살았고, 또 한 사람은 '배움이 있는 삶'을 살았다.

그 결과가 어떻게 될까? 저녁이 있는 삶을 산 사람은 조만간 '직장이 없는 삶'을 살게 될 가능성이 높으며, 배움이 있는 삶을 산 사람은 승진은 물론이고 회사를 떠나 창업할 가능성까지도 있다. 자기 회사의 업무를 모두 파악하고 있으니 사장의 자질을 갖춘 것이기 때문이다.

이는 남보다 일을 더 많이 하라는 말이 아니다. 오히려 일만 하면 배울 시간이 없다. 그보다는 자기가 속한 분야에서 상위 10% 안에 들겠다는 각오로 매일 '배움'을 실천하라는 의미다.

나는 자동차에는 전혀 관심이 없다. 이동할 일이 없기 때문이다. 내가 관심 있는 것은 길이 2m 이상의, 작업 효율이 극대화되는 책상과 허리가 아프지 않도록 도와줄 의자뿐이다. 내가 하는 일은 앉아서 배우는 일이고 그 덕분에 나는 여섯 개의 직업을 갖게 되었다.

나는 가르치는 일을 하고 있으며, 칼럼을 쓰고, 회원 수가 각각 10만이 넘는 카페 3곳에서 활동하며, 한국교육학술정보원KERIS 연수 심사 위원이기도 하다. 책을 쓰는 작가이며, 강연장에서 사람들과 만나기를 좋아하는 강연자다.

이 모든 것은 내가 노력과 배움으로 만든 것이다. 놀라운 것은 이 모든 걸 해내는데 5년도 걸리지 않았다는 점이다. 내 기억이 정확하다면 중학교 1학년 때 잰 내 IQ는 110이었으니 나는 지극히 평범한 사람에 불과하다.

모든 리더Reader가 리더Leader가 되는 것은 아니다. 그러나 유능한 리더<sup>Leader</sup>는 모두 열성적인 리더<sup>Reader</sup>다. 세종대왕은 같은 책을 백 번 읽고 백 번 쓰는 '백독백습'의 방법으로 공부했다. 그러고도 부족함을 느껴 신하들에게 독서 과외를 부탁했으며, 그 신하들과 경연經筵을 벌이는 건 예사였다. 그런데 그 신하들이 모두 지금으로 치면 서울대나 카이스트의 석좌 교수급이었다고 하니, 배움이란 어떠해야 하고 진짜 리더는 얼마나 치열하게 공부해야 하는가를 보여주는 좋은 사례라 할 것이다.

모든 성공에는 반복의 요소가 있다. 배움 또한 그러하다. 반복적 배움은 성공이라는 결과로 이어지고 이는 더 큰 보상으로 이어지니, 배움을 즐겨할 수 있어야 성과를 낼 수도 있다.

· 이번주할일 ·

□ 마음에 드는 분야의 책을 정해 한 권 읽기

□ 알고 싶은 분야와 관련된 사이트 20곳 주소 저장하기

□ 내가 못하는 걸 할 수 있는 사람에게 가르쳐달라고 부탁하기

· Memo ·

# 단정함

'사람을 보이는 것만으로 판단하면 안 된다.'는 말이 있다. 동의한다. 그러나 전적으로 동의하는 것은 아니다. 동의하는 이유는 그것이 옳기 때문이며, 100% 동의하지 못하는 이유는 그것이 성인聖人의 경지에 도달해야 가능한 일이기 때문이다. 실현 불가능에 가까운 일을 이야기해봐야 무슨 의미가 있겠는가? 사람은 보이는 것에 약하다. 눈에 보이는 것은 보이지 않는 것보다 더 큰 힘을 발휘한다.

예를 들어 숫자로 표현된 지표나 통계 자료는 그것을 이해할 수 없는 사람을 현혹한다. 통계의 진짜 힘은 정확성이 아니라 정확하다고 믿게 하는 데 있다. 결국 내용만이 아니라 형식 또한 중요하다는 말이다.

그래서 나는 청바지가 한 벌도 없다. 입을 일이 없기 때문이다. 나는 터틀넥에 청바지만 입어도 존재감이 빛나는 스티브 잡스가 아님을 안다. 그러므로 옷을 갖춰 입는다. 나는 일년 내내 거의 하루 종일 양복을 입는다. 주말에 일하거나 공부하러 출근할 때도 그렇게 한다. 그렇지 않을 때는 운동할 때뿐이다. 괴상한 습관이라고 할지 모르지만 이런 일을 수백 년 전에도 실천한 사람이 있었다.

성악설과 『군주론』으로 유명한 니콜로 마키아벨리Niccolò Machi-avelli가 그렇다. 마키아벨리는 공무원이었으며 특별히 돈을 더 받는 것도 아닌데 일하기를 좋아했고, 일할 때는 항상 옷을 갖춰 입었다고 한다.


만약 당신이 비싼 강의비를 내고 강의를 들으러 갔다고 생각해 보자. 그런데 앞에 나온 사람이 구깃구깃한 양복을 입고 나와 자신의 화려한 이력을 소개한다면 어떤 생각이 들까? 아무래도 신뢰감은 들지 않을 것이다. '저런 사람이?'라고 생각하게 될 것이 뻔하다. 물론 강의자가 실력 좋은 사람일 수도 있다. 그러나 그건 그 시점에서 더 이상 중요한 문제가 아니다. 믿음이 흔들리면 그가 하는 말은 이미 귀에 들어오지 않기 때문이다.

내가 아는 또 다른 예가 있다. 예전에 어떤 분이 처음 과외를 할 때의 이야기다. 그분이 갓 대학을 졸업하고 가진 게 아무것도 없을 때였다고 한다. 자신은 그럴 때도 구두는 항상 가장 좋은 것을 사서 신었다는데, 그 이유가 이랬다. 학생 방에 과외를 하러 들어가면 학부모 입장에서 볼 수 있는 건 과외 강사의 구두뿐이기 때문이라는 것이었다. 나는 그 이야기를 글로 접하고 나서 '옷차림은 제 2의 태도'라는 사실을 다시 한 번 확인할 수 있었다.

좋은 옷차림이 주는 가장 강력한 혜택은 바로 '기회'를 만들어준다는 점이다. 사실 기회는 스스로 만들 수도 있고, 남들에게 받을 수도 있다. 이는 실력이 있으면 기회를 만들 수 있고, 대인 관계가 좋으면 남들이 기회를 준다는 의미다.

그런데 남들이 기회를 주는 경우를 생각해 보자. 어떤 사람이 기회를 주는가? 나보다 힘이 있는 사람이다. 그리고 그런 사람은 대개 조직에서 나보다 상급자다. 따라서 윗사람 눈에 들려면 윗사람들이 좋아할 만한 옷차림이 무엇인가를 생각해 보아야 한다.

청바지는 양복보다 점수를 따기에 적절한 복장이 아님을 당신도 이해할 것이다. 이는 내가 좋아하는 옷이 아니라 내가 입은 옷을 바라볼 상대를 먼저 생각해야 한다는 의미다. 만약 이게 지나치게 세속적이고 속물적이라고 생각한다면, 그래서 자기 스스로 기회를 창출하겠다면 그 또한 좋은 일이다. 그러나 이 경우 한 가지 알아두어야 할 점이 있다. 스스로 기회를 만드는 일은 남이 주는 기회를 받는 일보다 두 배는 힘들다는 점이다.

정리하면 이렇다. 성공하려면 기회를 만들든지 기회를 잡든지 해야 한다. 전자는 상당한 노력이 필요하며, 후자는 내가 아니라 상대의 입장에서 생각할 수 있는 관점이 있어야 한다. 무엇보다 좋은 옷차림은 삶을 정돈해주고 기회를 가져다주는 법이니 갖춰 입는 습관을 들이는 편이 좋다.

### · 이번 주 할일 ·

☐ 가장 단정한 옷 꺼내 입어보기

☐ 미용실에 가서 눈썹 다듬어달라고 부탁하기

☐ 손톱 정리하기

---

### · Memo ·

6Day

# 공감

공감 능력을 키워야 한다는 말은 누구나 한다. 그런데 묻고 싶다.

'공감이란 무엇인가?'

심리학자 마샬 B. 로젠버그<sup>Marshall B. Rosenburg</sup>는 공감을 이렇게 정의한다.

'상대의 욕구를 이해하는 것'

상대의 욕구가 옳으냐 그르냐를 '판단'하는 게 아니라 '이해' 하는 것, 이것이 그가 내리는 공감의 정의다. 우리가 대개 저지르는 실수는 이해보다 판단에 초점을 맞춘다는 점이다. 상대가 지금 어떤 말을 하는지를 듣는 이유는 그가 갖는 욕구가 무엇인지를 정확히 파악하기 위해서지 판단을 내리기 위해서가 아니다. 이 점을 분명히 기억한다면 당신도 공감 능력을 키우는 훈련을 할 수 있다.

한때 모든 대학 면접, 입사 면접에서 공감과 소통을 강조하던 시기가 있었다. 공감의 대명사 '유재석' 씨가 롤모델이라고 말하는 학생도 많던 때였다. 그런데 공감을 그냥 남의 이야기 잘 들어주고 조언하는 정도로만 이해하면 문제가 생긴다. 바로 조언의 과정 때문인데, 이 때문에 서로 감정을 상하게 되는 경우가 많다. 조언을 하는 순간, 듣는 이는 들어준 이가 결국 '자기 생각을 강요하기 위해서' 이야기를 들어주었을 뿐이라고 생각한다.

또한 자기 스스로 내린 결론이 아니므로 마음이 크게 움직이지도 않는다. 반면 조언을 건넨 입장에선 어떨까? 고민을 이야기한 사람이 자기 조언을 받아들이지 않으면 결국 자기 마음대로 할 뿐이었을 거면서 뭐 하러 고민 상담을 부탁했느냐는 생각이 든다. 이런 경우 둘 사이의 관계는 어설프게 공감을 시도하기 이전 상태보다 더 나빠질 수 있다.

가령 아이가 500원을 잃어버려서 속상해한다고 하자. 이때 듣는 부모가 해야 할 말은 적어도 "뭐 그깟 500원 때문에 그래? 걱정 마. 내가 줄게"는 아니어야 한다.

아이가 속상해한다면 먼저 그 속상함을 충분히 살펴주어야 한다. 그리고 아이가 무엇을 하고 싶은 건지 물어보아야 한다. 아이가 한 번에 대답을 하지 못할 수도 있다. 자기가 원하는 바가 무엇인지 스스로도 모를 수 있기 때문이다. 그럴 때는 아이와 함께 아이의 내면 욕구를 탐색해야 한다.

만약 아이가 500원짜리 동전을 함께 찾아주었으면 좋겠다고 이야기한다면 어떨까? 그걸 찾을 수 없음을 알더라도 일단 아이와 함께 찾아봐주어야 한다. 충분히 찾을 만큼 찾고 나서도 동전을 찾을 수 없으면 아이는 그제서야 포기를 한다. 할 수 있을 만큼 노력해 보았기 때문이다. 그리고 그때에서야 잊을 수 있다. 이것이 공감을 통한 문제 해결이다.

서둘러 해결책을 제시하는 것은 상대의 성장 가능성, 혹은 현재의 실행 능력을 부정하는 일이다. 그렇게 해서는 문제가 해결되지 않는다. 문제 해결은 공감의 과정을 통해서만 가능하며 그럴 수 있을 때 우리는 행복해질 수 있다. 그러니 이제 공감을 연습해 보자. 상대의 말을 판단하느라 머릿속으로 빠르게 재잘거리지 말자. 머릿속 원숭이가 혼자 날뛰게 허용하지 마라. 그보다 상대의 얼굴에서 눈을 떼지 않겠다고 결심하고 끝까지 이야기에 집중해 보자. 그것이 공감의 첫 번째 단계다.

· 이번 주 할 일 ·

☐ 대화할 때 상대방과 계속 시선 마주치기

☐ 상대방이 한 얘기 그대로 들려주고 확인받기

☐ 상대방의 말을 듣고 그가 원하는 바를 추측해 보기

· Memo ·

# 나눔

기부는 이타적인 행동일까? 그렇지 않다. 그 또한 이기적인 행동이다. 적어도『인간관계론』을 쓴 데일 카네기Dale Carnegie의 의견으로 그렇다. 왜냐하면 남을 돕는 행동 역시 자신이 원해서 하는 일이기 때문이다. 이는 자선이 가치 없다는 의미가 아니다. 도리어 자신을 행복하게 만드는 일이므로 기꺼이 해야 한다는 의미다.

예를 들어 당신이 한 달에 1만 원을 자선단체에 기부한다면 그것은 이기적인 행동이다. 그러나 사회의 행복 총량을 높이는 이기적 행동이다. 당신이 매달 한 번씩 헌혈을 한다면 그 또한 이기적인 행동이다. 그러나 누군가를 구할 수 있는 이기적인 행동이다.

이처럼 스스로를 행복하게 하면서 남에게 도움이 되는 일을 하는 것이 나눔이다. 나눔은 꼭 돈이 아니라 시간도 가능하다. 그 예가 봉사활동이다. 어떤 의미에서 보면 돈보다도 가치 있다. 돈은 다시 벌 수 있지만 시간은 그렇지 않기 때문이다. 자신이 가진 재능을 활용하여 누군가를 돕고, 그럼으로써 자기 실력은 더욱 향상되는 선순환의 과정을 거친다면 이는 행복한 일이다.

사람은 자아 존중감과 자아 효능감을 필요로 한다. 이 둘은 자존감을 구성하는 중요 요소다. 자아 존중감이란 '존재 그 자체에 대한 긍정'이고, 자아 효능감은 '무언가를 해낼 능력이 있음을 아는 것'이다. 특히 자아 효능감은 사람의 성장에 큰 영향을 끼친다. 무언가를 할 수 있다는 자신감이 있는 사람은 자신이 잘하는 그 일을 할 때 즐거움을 느낀다. 특히 그 일로 타인을 돕는 일에 공헌할 때에는 더 큰 만족감을 느낀다.

『육일약국 갑시다』의 저자 김성오 씨는 동네에 조그마한 약국을 열었다. 너무 작아서 동네 사람들에게 "서울대 나와서 이런 거나 할 것 같으면 뭐 하러 서울대를 나왔냐"는 핀잔도 들었다고 한다. 그러나 그는 언제나 자신이 약국을 '경영'한다고 생각했고, 그래서 조그마한 자신의 약국에 어떻게 하면 사람이 오게 할 수 있을지를 고민했다고 한다. 이를 위해 그가 한 행동은 친절과 나눔이었으며 이는 이득과는 전혀 상관이 없는 것이었다. 그러자 육일약국은 사람들이 몰려오는 곳이 되었고, 단골들은 다른 동네로 이사 가더라도 육일약국으로 찾아오기까지 했다. 훗날 그는 메가스터디의 중등 교육 분야인 엠베스트를 맡게 되었는데, 형편이 어려운 학생들이 무료로 수강할 수 있도록 모든 강좌를 열어주었다.

사람은 자신이 가진 것을 나누기 힘들어하지만 일단 나누고 나면 그만한 보람도 없다는 걸 알게 된다. 남이 강요하여 무언가를 내놓으라고 하면 그에 대해 반발심이 든다. 그러나 자신이 원하여 무언가를 내주는 경우는 다르다. 그 경우 자신이 그만큼 고결한 존재라는 것을 확인할 수 있으므로 거기서 높은 수준의 기쁨을 느낀다.

이는 얼마나 많이 가졌느냐와는 관계없는 일이다. 내가 가진 것이 아무것도 없던 시절, 나는 우연히 한 개척 교회에 발이 닿았다. 들어가자 여기저기 쌓인 미납고지서가 보였다. 전기요금을 내지 못해 조만간 전기가 끊길 예정이었는데도 목사님과 사모님은 나에게 밥 한 그릇을 주셨고 또 필요할 테니 쓰라며 기념 수건 하나를 챙겨주셨다. 때때로 나는 사람들의 손에 이끌려 이런저런 종교 시설에 가 볼 기회가 있었으나 가장 가난했던 그 교회만큼 사람에게 너그러웠던 곳을 본 적이 없었다.

나는 종교에 심취한 사람은 아니다. 그러나 진정한 종교인이 어떤 자세로 나눔을 하고 그들이 믿는 신의 가르침을 세상에 실천하는지를 배웠다고 생각한다.

시간을 들여 남을 위하고 돈을 써서 남을 돕는 것은 자신을 위한 일이다. 그러니 진짜로 자신을 위해 세상에서 할 수 있는 가장 좋은 일을 해 보면 어떨까? 순간의 쾌락보다 지속적인 감동을 주는 일은 자신이 얼마나 고상한 존재이며 얼마나 큰 희생을 할 수 있는 존재인지 아는 것이다. 그러한 과정을 통해 당신은 당신이 생각하는 것보다 더 큰 존재로 거듭날 수 있다.

· 이번 주 할 일 ·

☐ 좋아하는 음식 친구와 나눠 먹기

☐ 주변 사람 시간 내어 돕기

☐ 관심 있는 단체에 1회 이상 기부하기

· Memo ·

감사하고 받는 자에게는 풍성한 수확이 따라온다.
말만으로써 감사하는 것은 믿을 만한 것이 못된다.
진정한 감사는 마음으로 가사하고 행동으로 나타내는 것이다.
- 윌리엄 블레이크 -

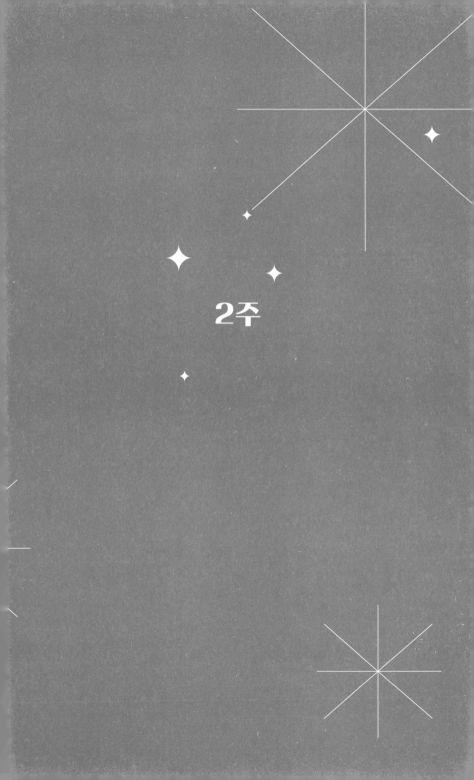

2주

# 희망

지금 당장 스스로에게 물어보라. 오늘 나는 무엇을 원하는가를. 목표 없이 살아가는 5년이나 10년은 금세 지나간다. 그러한 5년이 10번이면 50년이다. 목표 없이 보내는 시간은 당신에겐 가장 큰 형벌이다. 긴 시간이 지나고 나서 남은 것이 아무 것도 없다면 타인의 평가는 전혀 중요하지 않게 된다. 그 전에 당신 스스로가 어떠한 변명도 할 수 없게 되기 때문이다.

그런데 무언가를 해내려면 그것을 해낼 수 있다는 믿음이 있어야 한다. 우리는 그것을 '희망'이라 부른다. 우리는 땅 위에 발을 붙이고 살아가는 존재다. 이는 현실이다.

그러나 우리의 희망은 언젠가 우리가 발을 붙이고 있는 바로 이 지점에서 발을 떼고 더 높이 날아갈 수 있음을 보여준다.

희망 없이 열심히만 사는 인생은 열차를 타고 이동하는 것과 같다. 우리는 빠르게 여기저기 이동할 수 있다. 그러나 그것은 어디까지나 지상에서의 이야기다. 더 빠른 속도로 이동하려면 방식을 바꿔야 한다. 예를 들면 비행기처럼 말이다. 비행기는 지상에서 벗어나 이동한다. 그런데 비행기는 인간이 새처럼 날고 싶다는 분명한 목표와 희망이 있었기에 만들어진 것이다. 지상을 벗어나 이동한다는 담대한 희망이 없었다면 인류가 가진 가장 빠른 이동 수단은 자동차나 열차, 혹은 마차에 머물렀을지도 모른다.

『맹자』 「고자하」 15장 에는 이런 말이 있다. "하늘이 장차 그 사람에게 큰일을 맡기려고 하면 반드시 먼저 그 마음과 뜻을 괴롭게 하고, 근육과 뼈를 깎는 고통을 주며, 몸을 굶주리게 하고, 생활은 빈곤에 빠뜨리고, 하는 일마다 어지럽게 한다. 그 이유는 마음을 흔들어 참을성을 기르게 하기 위함이며 지금까지 할 수 없었던 일을 할 수 있게 하기 위함이다."

맹자의 이 말을 믿어라. 삶이 고난과 역경으로 가득 차 있고 초라하다 못해 비루할수록 희망을 놓지 않아야 하는 것은 하늘이 그대를 크게 쓰기 위함이라고 생각하라.

내가 알고 지내는 학생 중에는 잘 곳이 없어 비닐하우스에서 살던 경우도 있었다. 아버지는 어릴 때 집을 나가 생사를 확인할 수 없었다. 어머니가 자식이라도 따뜻한 데서 지내게 하고 싶어 아이를 친척 집에 맡겼지만 여기저기서 눈칫밥을 먹고 돌아와야 했다. 그런데도 아이는 희망을 놓지 않았다. 그리고 자신을 잘 가르쳐줄 선생님을 찾았다. 아이는 1년을 열심히 공부했다. 배우는 데 있어 단 한 번도 수업에 늦은 적이 없었고, 항상 먼저 와서 선생님을 기다렸다. 그렇게 공부하여 단번에 공기업에 합격했다.

인터넷 커뮤니티에 들어가 보면 사람들은 분노로 가득 차 있음을 본다. 사람들은 남의 노력과 희망을 비웃는다. 그리고 자기 세계를 열심히 살아가는 이들을 벌레 보듯 한다. 그래서 '충蟲'자를 붙여서 놀린다. 남의 이해를 돕기 위해 열심히 설명하면 '설명충'이 되고, 아이를 낳아 열심히 키우면 '맘충'이 된다. 그렇게 한다고 본인 수준이 더 올라가는 것도 아니고, 본인의 삶이 더 나아진다는 희망이 생기는 것도 아닌데도 그런다. 세상은 원래 불공평하다. 그 사실을 빨리 이해하고 받아들여야 한다. 그래야 자기 연민 대신 '그래서 나는 무엇을 할 것인가?'를 생각할 수 있다. 그리고 그럴 수 있는 사람이 희망을 갖는다. 희망을 버리면 현실주의자가 되는 게 아니다. 그러면 염세주의자가 된다. 그것은 겁쟁이의 졸렬한 모습이다.

나는 당신이 당신과 세상을 바꾸는 데 조금도 힘을 발휘하지 못하는 그런 것에 찰나의 시간도 낭비하지 않았으면 좋겠다. 대신 당신이 어떤 희망을 품고 살아갈 것인지를 깊이 생각해 보았으면 좋겠다. 사람은 생각하는 대로 살 수 있다. 그러니 원하는 것을 확인하고 그것을 얻겠다고 선언하라. 원하는 미래를 얻기 위한 출발점에서 우리에게 가장 중요한 것은 희망이기 때문이다.

## · 이번주 할일 ·

☐ 간절히 이루길 원하는 목표 하루 15번씩 쓰기

☐ 버킷리스트 작성하기

☐ 성공 가능성에 상관없이 가장 이루고 싶은 일 적어보기

## · Memo ·

# 유머

킹코브라가 치명적인 독을 뿜어대는 것처럼 틀린 말은 아닌데 독설만을 내뱉는 사람이 있다. 그런 사람들의 말에 얻어맞으면 기운이 빠진다. 그런 사람들 옆에는 가지 않는 편이 도움이 된다. 혹시 자신이 그런 사람이라면 자기 말에 유머를 섞도록 노력해 보자. 그러면 기분은 유쾌해지고 입술에선 사나운 말 대신 부드러운 말이 흘러나온다. 이는 자신을 통제하는 데도 도움이 된다.

예전에 가족끼리 등산을 할 때였다. 우리 곁에 다른 등산객인 어떤 젊은 아빠와 열 살 남짓한 아이가 함께 산에 오르는 모습을 보았다.

아이가 "아빠, 너무 힘들어. 죽을 것 같아"라고 말하자 아빠는 "그럼 죽어"라고 대답했다.

그 장면을 보던 나는 경악했고 분노하지 않을 수 없었다. 세상에 그런 아버지도 있다는 사실을 나는 그날 처음 알았다. 그런데 그 모습을 같이 보시던 내 아버지께선 한마디 하셨다. "아버지의 교육 방침에 문제가 있네. 저렇게 오냐오냐 뜻 받아주며 키우면 안 되지."

나는 순간 화를 내야 할지 웃어야 할지 모를 상황이 되었다. 유머가 내 안의 분노를 완전히 흔들어 버렸기 때문이다. 나는 그때의 경험으로 유머가 가진 힘이 얼마나 강력한 것인지를 배울 수 있었다. 불편한 감정 상태에서 벗어나 빠르게 평점심을 찾는 방법은 그 상황에서 유머를 던지는 것이다. 아울러 유머는 인간관계를 부드럽게 하고 상대가 내 말에 더 집중할 수 있도록 돕는다. 나는 내가 가르칠 학생들을 처음 만나면 건강에 이상은 없는지, 다시 말해 아픈 곳은 없는지 이렇게 물어본다.

"혹시 몸에 이상이 있거나 한 부분 있니? 예를 들어 명치를 맞았는데 3초 이내에 숨을 쉴 수 있다든가."

다소 센 농담인 건 나도 안다. 그런데 처음 만나는 학생들은 이 농담을 들으면 많이 웃는다. 어떤 학생은 너무 크게 웃음이 터져서 말을 잇지 못하는 경우도 있었다. 이렇게 예상치 못한 유머로 관계를 풀어나가면 상대방과 나와의 거리는 순식간에 좁혀진다. 나는 대체로 내가 가르치는 학생보다 나이가 많다. 따라서 학생 입장에선 내가 부담스러울 수 있다. 그 사실을 잊지 않기 때문에 말을 조심하려 노력하는데, 그러려면 말을 부드럽게 하는 게 가장 좋다. 그리고 그럴 수 있으려면 서로 기분 좋은 상태가 유지되어야 한다. 그걸 돕는 최고의 무기는 유머다.

유머는 목숨을 구하는 데 도움을 주기도 한다. 고대 로마의 장군이고 정치가였던 율리우스 카이사르<sup>Gaius Julius Caesar</sup>의 이야기다.

어느 날 그가 원로원 회의 도중 편지를 읽고 있었다. 그 모습을 보고 카이사르와 대립했던 카토<sup>Marcus Porcius Cato</sup>라는 원로원 의원이 이렇게 말했다. 저 편지야말로 반란의 증거라고 말이다. 그 당시 로마는 카틸리나<sup>Lucius Sergius Catilina</sup>가 반란을 계획하고 있다는 소문이 돌았고, 그래서 분위기가 한창 어수선할 때였다. 카토의 말은 카틸리나 역모 사건에 카이사르도 끼었을 거라는 뜻이었다. 사람들의 시선이 카이사르에게 쏠리자 카이사르는 조용히 대답했다. 이는 지극히 개인적인 편지일 뿐이라고 말이다. 그럼에도 카토가 자신의 주장을 굽히지 않았기 때문에 카이사르는 어쩔 수 없다는 듯 편지를 카토에게 넘겨주었다. 원로원 회의장 한가운데서 그 편지를 낭독하려던 카토는 그러나 얼굴이 새빨개져서 편지를 바닥에 내동댕이치며 이렇게 말한다.

"이런 희대의 바람둥이 같으니라고."

원로원 의원들은 웃지 않을 수 없었다. 카이사르가 바람둥이라는 사실을 모르는 의원은 아무도 없었기 때문이다. 편지는 카토의 의붓누이였던 세르빌리아Servilia Caepionis에게서 온 것이었기 때문에 원로원 의원들의 비웃음은 더 컸다.

그런데 이 모든 것은 사실 카이사르가 의도한 행동이었다. 카이사르는 왜 이런 일을 벌인 걸까? 그것은 카이사르에 반대하는 이들이 그를 고발한 상태였기 때문이다. 사유는 앞서 말한 반란 가담이었다. 카이사르는 애써 해명하느라 자신을 바보로 만들고 싶지 않았다. 그래서 원로원 회의 때 일부러 편지를 읽었고,

가장 강경한 카토를 비웃음거리로 만들어버린 것이다. 이제는 아무도 카이사르가 반란에 가담했다고 믿지 않게 되었다.

　이처럼 유머는 인간관계에 도움이 되고, 스스로의 평정심을 유지하는 데도 도움이 된다. 그러니 재미있는 화법이나 재치 있는 화법을 사용할 수 있도록 평소 연습해 두면 좋다. 참고로 좋은 책을 많이 읽다 보면 아는 것이 많아져 이런저런 상황에 대처할 수 있는 유머 능력이 커진다. 그러니 책읽기를 꼭 공부로만 생각하지 말고 교양을 쌓는 일로 생각하면 도움이 될 것이다. 독서를 통해 자연스럽게 유머를 구사할 수 있으면 어떤 자리에서나 환영받을 수 있다.

## · 이번주 할일 ·

☐ 친구와 가족에게 재미있는 이야기 들려주기

☐ 재미있는 TV프로그램 보고 맘껏 웃기

☐ 힘든 상황에 처하면 가장 우스꽝스러웠던 기억 떠올리기

## · Memo ·

# 독립

사람은 부모로부터 독립해야 한다. 정신적, 물질적으로 말이다. 그렇지 않으면 어엿한 성인이라 할 수 없다. 과거에는 성인이 되는 시기가 지금보다 빨랐다.

예를 들어 조선 독립 운동의 주축이었던 학생들은 지금으로 치면 고등학생이었다. 일제 강점기의 조선에서, 대학생이 과연 얼마나 있었겠는가? 10대 후반이면 이미 사회 운동에 적극 참여할 수 있었다는 의미다.

그런데 요즘은 우리나라만이 아니라 전 세계적으로 독립의 시기가 늦어진다. 나라별로 마마보이, 헬리콥터맘, 하키맘, 캥거루맘이라는 표현이 등장하는 것이 그 증거다. 그러면 자녀가 독립할 수 없는 이유는 무엇일까?

가장 먼저 생각해 볼 수 있는 것은 돈 문제다. 대학 학비를 학생이 온전히 벌어서 내는 경우도 있지만, 그렇지 못한 경우도 많다. 학비 외에 거주비도 문제다. 집값이 계속 오르다 보니 거주비가 많이 든다.

이처럼 돈 때문에 아르바이트를 하느라 많은 시간을 쓰면 공부나 자기계발의 기회는 그만큼 줄어든다. 이는 더 큰 가치를 창출할 기회를 잃게 되는 것이다. 하루 6시간을 공부할 수 있는 사람과 같은 6시간을 최저 시급의 돈을 버는 데 써야 하는 사람은 출발선이 다르기 때문이다.

결국 경제적 이유는 사람의 독립을 가로막고 부모 집에서 오래 머물도록 만드는 중요한 이유가 된다. 그러나 정서적 독립은 그와는 다른 문제다. 정서적 독립은 나와 가까운 몇몇 어른들의 세계관에 흔들리지 않고 내 가치관이 형성될 때 비로소 가능하다. 남의 조언을 무시하라는 의미가 아니다. 나의 세계관을 가지고 있어야 하고, 그 세계를 확장시키는 일에 필요하다면 어른의 조언을 받아들일 수 있어야 한다는 뜻이다. 그렇지 않고 '엄마가 알아서 해주는 대로' 무언가를 하려 한다면 이는 부모 세계관의

복제일뿐 나의 세계관이라고 보긴 어렵다. 정서적 독립은 나의 가치관이 온전히 바로 섰을 때 가능하다.

인터넷에서 이런 농담을 본 적이 있다. 남자들이 미용실에서 머리를 잘 잘랐는지 알 수 있는 기준은 엄마의 평가라는 것이다. 머리를 자르고 집에 왔는데 엄마의 감상평이 '돈 아깝게 왜 그렇게 잘랐냐?'면 잘 자른 것이고, "어이구, 우리 아들 머리 시원하게 잘 잘랐네."라면 망했다는 뜻이라고 한다.

그런데 이런 농담이 등장하는 까닭은 무엇일까? 어쩌면 미용실에 가서 머리를 맡긴 사람 본인도, 자신이 어떤 머리를 원하는지 몰라서는 아닐까? 그래서 "알아서 잘 잘라주세요."라고 말했고, 그 결과 미용사가 자기 원하는 대로 자른 결과(?)를 갖고 집에 가면 어머니의 평가가 그때그때 달라지는 게 아닐까?


혼밥이니, 혼술이니 하는 이야기가 나온 지가 몇 년 되었다. 사실 그 이전에는 혼자 밥을 먹는 사람은 무언가 이상한 사람으로 취급받곤 했다.

나는 여럿이서 식사 메뉴를 정할 때 메뉴가 결정되는 시간은 모임에 참석한 사람 숫자의 제곱에 비례한다는 사실을 일찍부터 발견하였다. 그래서 대학 생활을 시작할 때부터 어지간하면 혼자 먹고 빠르게 공부하러 가는 쪽을 택했다. 그런데 아무리 대학교가 넓어도 식사 시간은 비슷하다. 게다가 밥을 먹는 공간 역시 정해져 있다. 그러다 보니 학과 동기들을 마주칠 때가 많았다. 그럴 때마다 내가 주로 들은 말은 "왜 혼자 밥 먹어?"였는데, 그럴 때마다 매번 답하기 번거로웠던 나는 이렇게 되물어보곤 했다. "왜 다른 사람이랑 먹어야 하는데?"

인간은 지금까지 수많은 정치 체제를 실험했다. 심지어는 공산주의라는 기상천외한 방식까지 생각해 냈지만 결국 지금껏 대다수의 국가가 채택한 방식은 민주주의다. 그런데 민주주의가 갖는 최대 단점은 비효율성에 있다. 다시 말해 너무 오래 걸린다는 점이다. 따라서 이런 것을 싫어하면 여럿이서 먹을 때 독재적인 정책을 펴든지 예를 들어 오늘도 부장님이 정한 메뉴로 먹는다는가 나 혼자 먹든지 해야 한다. 세상은 민주주의를 이야기하지만 사회 여러 곳에서 그게 정착되지 않는 이유가 있다.

바야흐로 코로나19의 시대다. 세상사는 좋은 면과 나쁜 면이 함께 찾아온다. 직장인에게 코로나가 가져다 준 거의 유일한 장점은 회식 문화가 사라졌다는 점일 것이다. 그러나 '집합 금지'가 풀린 지역에서의 직장인들은 죽을 맛이다. 왜냐하면 벌써부터 회식을 벼르고 있는 상사들의 존재 때문이다. 독립이란 어엿한 어른이 되어서도 돈<sup>직장</sup> 앞에선 어려운 법이니 최소한 정신적 독립이라도 먼저 할 수 있도록 노력해야 할 것 같다.

· 이번 주 할 일 ·

☐ 재정적 독립을 위해 매일 저금하기

☐ 하루 30분 이상 혼자 있는 시간 만들기

☐ 혼자서만 해낼 수 있는 일(독서, 여행) 시도하기

· Memo ·

# 명료함

새로운 일을 맡을 때 내가 가장 먼저 하는 일이 있다. 전체 업무 파악이다. 전임자가 어떤 일들을 어느 시기에 했는지를 살피는 것이다.

그다음은 '무엇을 하지 않을 것인지' 결정하는 일이다. '무엇을 할 것인지'가 아니다. 어디까지나 '하지 않을 것'에 대한 결정이다. 이렇게 해야 하는 까닭은 내 시간과 노력에는 한계가 있기 때문이다. 설령 사람의 능력에 한계가 없다고 믿더라도 시간에는 한계가 있음을 인정해야 한다.

하루는 모두에게 24시간이고 내가 직장에서 일할 수 있는 시간은 정해져 있다. 그러므로 성과를 내려면 집중할 대상을 골라야 한다. 이는 사금 채취 과정과 같다. 강바닥에서 퍼 올린 모래를 걸러야 사금을 얻을 수 있다는 뜻이다.

내가 매년 반복적으로 하는 이야기지만, 고등학교 1학년들이 절대 하지 못하는 것 또한 이런 부분이다.

학생들은 생활기록부에서 가장 중요한 것은 성적이고 두 번째가 독서라는 사실을 이해하지 못한다. 성적은 성실성을, 독서는 세계관을 살펴보는 지표다. 그 외에 다양한 활동은 하면 좋은 것이지, 안 해서 문제가 되는 것은 아니다. 그런데도 학생들은 그 부분에 대해서는 생각을 안 한다. 얼마나 의욕이 앞서는지 동아리는 몇 개씩 가입하려 하고, 봉사활동도 다 할 수도 없는데 여러 단체에 가입한다.

그리고 한 학기 만에 지쳐서 쓰러져버린다. 동아리의 경우는 특히 문제가 되는데, 선배들 눈치가 보여서 빠져나오기도 어렵기 때문이다. 이는 자기가 할 수 있는 일의 범위를 잘못 측정했기에 발생하는 문제다. 이렇게 중구난방으로 여기서 조금, 저기서 약간 하는 식으로 시간을 낭비하면 일의 성과는 얻을 수 없다.

그렇다면 이런 것이 학생들만 겪는 문제일까? 그렇지 않다. 어른들도 이런 점을 이해하지 못하는 건 똑같다. '무엇을 하지 않을 것인가?'를 생각하는 내 업무 처리 기준은 일을 하기 싫다는 의미가 아니다. 그보다는 가장 중요한 일을, 가장 잘 해내야 한다는 생각에서 출발한 것이다. 그런데 직장에서 이 점을 이해하지 못하는 상사를 종종 마주한다. 그런 상급자들은 내 방식을 오해하곤 한다. 그리고 이런저런 일을 벌이고 부하직원이 알아서 일을 해내기를 바란다. 전형적인 입으로 지시만 하고 결과는 부하 직원이 만들어오길 바라는 유형이다. 나는 그런 부류의 사람을 좋아하지 않으며 다른 사람들에게도 그러지 않으려 주의한다.

또한 명료하게 일을 하려면 명료한 인간관계도 중요하다.

시험 기간에 공부를 하려 했는데 친구가 함께 하자고 한다. 어쩌면 당신도 그러기로 결정할지 모른다. 그러면 같이 어울려 다니느라 공부는 하나도 못할 것이다. 그러면 좋지 못한 시험 결과를 받아들여야 하고, 다음번 시험은 더 열심히 하기를 각오하게 될 것이다. 이것이 일반적인 패턴이다.

그런데 직장 생활 역시 그렇다. 당신이 회사에 남아서 잔업을 하려 한다고 치자. 그런데 오늘은 술 한 잔 하자고 이야기하는 직장 동료를 만난다면 어떻게 될까? 거기에 끼어들 경우 오늘 처리해야 할 업무를 미루게 되고, 내일은 숙취와 함께 후회가 밀려들 것이다. 이런 문제 때문에 지나치게 친밀한, 그러나 불필요한 인간관계는 독으로 작용하기도 한다. 그래서 경영학의 아버지, 피터 드러커Peter Ferdinand Drucker는 이런 말을 남겼다.

"생산적이라는 것이야말로 올바른 인간관계에 대한 단 하나의 타당한 정의다."

정말 그렇다. 부하 직원을 챙긴다며 술자리에 이끌고 다니는 상사보다는 제 시간에 퇴근할 수 있도록 돕는 상사가 좋은 상사다. 그러면 부하 직원은 제 시간에 집에 도착할 것이고, 그 가정에는 평화와 행복이 깃든다. 배려는 내가 아니라 상대를 기준으로 삼을 때 가능하기 때문이다. 그런데 나와 다른 성향의 사람이라는 이유만으로 누군가를 배척한다면 그는 어리석은 사람이다.

만약 당신이 그런 사람이라면 지금부터라도 태도를 달리해야 한다. 제대로 된 기준은 '그가 일을 얼마나 제대로 해내려 노력하는가?'여야 한다. 그 외 그가 가진 종교, 성별, 주말에 시간을 보내는 방식이 뭐 그리 중요하겠는가?

하고 싶은 것과 해야 할 것 사이에서 많은 사람이 갈등한다. 이미 피할 수 없는 문제로 고민해야 하는 처지에 할 필요가 없는 일까지 끌고 와 힘듦을 더할 필요가 있을까? 혹은 중요하지 않은 인간관계를 더할 필요가 있을까? 선택과 집중을 위한 명료함은 중요하다. 그것이 당신 삶에 기적 같은 일이 여러 차례 일어날 수 있도록 돕는 효과적인 전략이기 때문이다.

## · 이번 주 할 일 ·

☐ 안 쓰는 물건 3개 이상 버리기

☐ 결심만 하고 하지 않는 일 포기하기

☐ 지금 당장 하면 좋은 일 하나만 매일 하기

## · Memo ·

# 성취

'운도 실력'이라는 말이 있다. 실제 고대의 서구인들은 행운도 덕이라고 생각했다. 그러나 설령 그 말이 옳다 하더라도 이는 어쩔 수 있는 부분이 아니다. 운은 통제 가능한 요소가 아니기 때문이다.

반면 노력은 통제할 수 있다. 같은 시간 동안 더 많은 노력을 하면 성공 가능성이 높아지는 것은 사실이다. 어떤 경우에나 노력이 만능인 것은 아니겠지만, 그래도 성공의 가능성을 높여준다는 사실 자체는 변함이 없다.

내가 가르치는 학생 중에는 자격증 시험에 한 번에 합격하는 학생이 드물다. 그 학생들은 늘 이런 말을 한다. 국가 자격증의 커트라인은 60점인데 아슬아슬하게 한 문제 차이로 떨어졌다고 말이다.

최근에도 같은 일이 있었다. 한 학생이 한 문제 차이로 떨어졌다며 운이 없었다고 나에게 이야기한 것이다. 나는 그 말을 듣고 "그건 네가 노력을 안 한 거야"라고 말해주었다. 그 학생은 반발했으며, 여전히 자신이 운이 없었을 뿐이라는 주장을 굽히지 않았다.

그래서 나는 이렇게 물었다. 첫째, 너와 같은 고사장에서 시험 본 사람은 아무도 없었는가? 둘째, 그 사람들은 모두 불합격했는가? 셋째, 운이 없어서 떨어진 거라면 시험운이 있을 때까지 몇 번이고 시험을 다시 볼 생각인가? 학생은 대답하지 못했다.

교육학에는 '성공 귀인 이론'이라는 게 있다. 성공의 이유를 노력에서 찾는 사람이 있고 운에서 찾는 사람이 있다는 것이다. 결과는 노력에서 찾는 사람이 좋다고 한다. 앞서 설명한 대로, 노력을 중요하게 생각하는 사람은 자기만 부지런하면 된다고 믿기에 자기 일에 집중하기 때문이라는 것이다.

내가 처음 직장 생활을 시작했을 때의 이야기다. 옆자리 직속 선배는 나에게 주말에 뭘 할 거냐고 물었다. 내 대답은 '공부한다'였다. 취직도 되었는데 무슨 공부를 또 하냐고 묻는 질문에, 나는 "해야 할 것과 하고 싶은 것들이 많아서 공부합니다."라고 대답했던 기억이 난다. 그 대답은 10년에 가까운 세월이 흐른 지금도 똑같다. 나는 여전히 주말에도 공부하고, 책을 읽고, 책을 쓴다. 그것이 강연자로서의 삶을 가져다주었고, 직장 바깥의 다른 사람들과 소통할 수 있는 기회를 가져다주었다.

내가 있는 직장 조직에서 강연을 나가는 사람들은 꽤 있다.

그런데 그들과 나의 차이점은, 그들은 대개 인맥을 통해 직장 업무와 관련된 분야에서만 활동한다는 점이다. 나는 그렇지 않다.

나는 내 관심 분야를 공부해서 그것을 책이라는 형태의 기록으로 남긴다. 그러면 그 책을 읽고 나에게 강연을 의뢰하는 사람들이 생긴다. 그들과 만나는 일은 언제나 기분 좋은 일이다. 이러한 성취는 나의 노력으로 만들어낸 것이다. 나는 그 점을 항상 자랑스럽게 생각해 왔다. 또한 나는 명함을 한 번도 만들어본 적이 없는데, 그 이유는 내 책이 명함의 역할을 대신하기 때문이다. 명함이란 만드는 사람이 돈을 들여 만들어야 한다. 게다가 명함을 준 사람이 자리에서 떠나면 받은 사람은 그것을 버리게 되어 있다. 그러나 책은 반대다. 독자는 내 이름이 박힌 책을 독자는 자기가 돈을 들여 사준다. 그것도 내가 받는 인세의 10배의 금액을 지불하면서 말이다. 내가 내 책의 독자들에게 감사해야 하는 이유는 그것 하나만으로도 충분하다고 생각한다. 그랬기에 나를 부르는 곳이 있다면 강의비에 상관없이 어떻든 되도록 가려고 노력한다. 그것은 돈으로 살 수 없는 무한한 기쁨이다. 내가 강의 때문에 어느 중학교에 방문했을 때의 일이다. 한 중학생이 이런 말을 들려주었다. "선생님을 만나려고 학원도 빠지고 왔어요."

이런 학생을 만나는 일이 어떻게 기쁘고 감사하지 않을 수 있겠는가? 나를 처음 보는 학생들이 내 이야기를 열심히 들어줄 때 나는 그들에게 힘을 얻는다. 그리고 다음엔 더 좋은 강연을 준비하겠다고 다짐하며 돌아온다. 해야 하는 것만 많은 삶은 숨이 막힌다. 그런데 할 수 있는 것이 있고 원해서 하는 일이 있다면 얼마나 행복하겠는가?

나는 여러 분야에서 일을 해 보았지만, 다른 사람에게 헌신하고 그들에게 기쁨과 용기를 주는 일보다 가치 있는 일은 없음을 확인하였다. 이는 스스로의 노력과 성취로 타인의 열정에 기름을 붓는 일이다. 스스로 노력하여 결과가 무엇인지 이해하는 사람은 그 일의 크기에는 상관없이 성공할 수 있다. 성취의 기쁨은 또 다른 성취로 이어지는 법이기 때문이다.

그래서 성취는 중요하다. 무언가를 해낸 경험이 있는 사람만이 또 다른 무언가에 도전할 수 있기 때문이다. 이는 자기 세계의 확장이기도 하다. 성취를 반복적으로 경험하는 사람은 자신에 대한 긍지가 높고 세상에 더 도전적이다. 성취의 크기는 상관없다. 반복적으로 그것을 얻어야 한다. 그러니 처음부터 커다란 성취에 집착할 일이 아니다. 작은 성취를 여러 번 경험하며 그 크기를 키워나가는 게 중요하다.

## · 이번주 할 일 ·

☐ 하고 싶은 일을 찾아 여러 단계로 나누기

☐ 각각의 단계를 해낼 때마다 자신에게 줄 보상 결정하기

☐ 일주일간 그 일을 얼마나 해냈는지 기록하기

## · Memo ·

# 소통

미국의 28대 대통령이었던 우드로 윌슨Thoms Woodrow Wilson은 다음과 같은 말을 남겼다.

"당신이 두 주먹을 불끈 쥐고 내게 오면 그 순간 나도 두 주먹을 불끈 쥐고 당신을 맞상대할 것이라고 장담할 수 있다고 생각합니다. 그러나 당신이 내게 와서 "우리 앉아서 함께 상의해봅시다. 서로 다른 의견이 있으면 왜 서로 다른지, 차이가 무엇인지 한번 알아봅시다."하고 얘기하면, 우리는 서로 의견 차이가 크지 않고 차이점보다 공통점이 더 많으니, 화합하고자 하는 의지와 솔직함, 그리고 인내만 있으면 얼마든지 화합할 수 있다는 것을 알게 될 것입니다."

나는 윌슨 대통령의 이 말을 좋아한다. 인류가 겪는 대부분의 갈등은 윌슨 대통령의 말대로 한다면 하나 같이 해결될 것 같지 않은가? 윌슨 대통령이 남긴 말을 기억한다면 살면서 많은 갈등을 피할 수 있을 것이다. 이는 실제 내가 여러 차례 경험한 일이다. 업무상 나에게 갈등의 요소를 안고 오는 사람들을 만날 때가 있다. 나는 그들의 비명소리를 듣는다. 그들은 나에게 화를 내지만, 실제로는 고통을 표현하는 것이다.

'나는 너무 힘들어요. 나를 도와주세요!'

이렇게 생각하면 상대가 원하는 바가 무엇인지를 이해하는 데 신경을 집중할 수 있다. 그가 나에게 화를 내든, 비난을 하든, 그건 나중 문제다. 물론 나 역시 매번 잘 되진 않았다. 그러나 이 방법이 통했을 때는 나에게 화를 내러 오던 사람이 나와 가장 친한 사람이 되어 돌아가곤 했다는 사실은 고백해야겠다. 그런데 '나는 옳은데 너는 틀렸잖아!'라는 생각을 품으면 논의의 접점을 찾을 수 없게 된다. 설령 내가 100% 옳더라도 말이다.

소통이란 열려 있는 관계에서 출발한다. 만약 닫혀 있는 관계라면 열려는 노력부터 해야 한다.

육아 전문가인 오은영 박사님이 쓴 책에 이런 일화가 실려 있다. 어떤 아버지가 있었다. 그 아버지에겐 어린 아들이 있었는데, 아들은 대학교수인 아버지를 자랑스러워 했다. 그래서 그날 하루 동안 알게 된 이런저런 사실을 아버지께 이야기하곤 했다. 그러면 아버지는 그건 사실이 아니며, 이건 이렇고 저건 저렇기 때문에 네가 말한 것들은 틀렸다고 바로 잡아주었다. 그런 일이 반복되자 아들은 아버지에게 아무 이야기도 하지 않게 되었다. 아버지는 아들이 세상을 정확하게 알 수 있도록 도우려고 했을 뿐이다. 하지만 아들은 언제나 공격을 받는다고 느꼈다.

아버지와 아들이 대화의 문을 닫게 된 원인은 무엇인가? 아버지가 자기 생각에만 빠져 있었기 때문이다. 어린 나이에 배우는 지식은 틀릴 수 있다. 그러나 정말 그것의 옳고 그름을 따질 만큼 중요한 문제였을까? 만약 아들이 무언가를 배워와서 아버지와 이야기하고 싶어 하는 그 마음을 먼저 보았다면 어땠겠는가? 아들은 여전히 아버지를 존경하고 사랑하며, 함께 할 수 있었을 것이다.


힘든 처지에 있는 아이들을 만날 때가 있다. 그들은 이런저런 폭력, 왕따, 성적 학대로 고통을 받고 있거나 받은 아이들이다.

만약 힘든 상황에 놓인 그 아이들에게 '그러니까 그럴 때는 이렇게 저렇게 했었어야지!'라고 한다면 그 아이들이 다시 내게 와서 이야기하겠는가? 사람들이 고민하는 이유는 문제의 해결책을 몰라서가 아니다. 알지만 그렇게 할 수 없으니까 고민하는 것이다. 자기 자식을 반편이로 알고 너는 왜 그것밖에 못하냐고 혼내는 아버지는, 그가 지닌 교수라는 직업 그리고 그로부터 기대되는 소망과는 별개로 부모 될 준비가 아직 덜 된 어른일 뿐이다.

소통은 상대의 눈을 들여다보는 것이다. 대결이 아니라 그의 욕구를 이해하고 싶음을, 그럼으로써 상대를 존중하고 있다는 느낌을 줄 수 있을 때 가능한 것이다. 일방적 설교, 훈계, 조언은 소통이 아니며, 그럴 때 상대는 더욱 마음을 닫아버린다. 내 안에서 날뛰는 원숭이를 길들이고 상대를 가만히 들여다보려 애쓰는 것, 그것이 소통이며 그러한 마음이 상대에게 전해질 때 우리는 서로 행복해진다.

## · 이번주 할일 ·

☐ 대화할 때 상대와 눈을 5분 이상 마주치고 말하기

☐ 상대방과 대화할 때 2번 듣고 1번만 말하기

☐ 상대방의 진짜 욕구(의도)를 파악하려 노력하며 대화하기

## · Memo ·

# 애도

애도란 함께 슬퍼한다는 의미다. 타인의 아픔을 보고 어쩔 줄 몰라 하는 사람들이 있다. 그럴 때는 상대의 아픔에 나 또한 아픔을 느낀다고 표현해 주기만 하면 된다. 이것이 애도의 올바른 표현이다. 상대방이 슬픔에 빠져 있을 때, 위로를 한다는 이유로 서둘러 그 슬픔에서 빠져나오게 하려 해선 안 된다. '그만 슬퍼하라'는 요구는 나의 불편함을 상대에게 전달하는 것이며, 이는 애도라고 볼 수 없다. 애도는 상대에게 이렇게 말하는 것이다.

'지금은 너의 슬픔을 표현해도 돼. 나는 네가 충분히 슬퍼할 수 있도록 네 곁을 지킬 거야.'

사랑하는 남녀 관계에서 여자가 울면 남자가 어쩔 줄을 몰라 하는 경우를 보곤 한다. 내가 아는 어떤 여자분은 자기가 울면

84

남자친구는 밖으로 나가버린다고 이야기했다. 아마 남자 쪽은 상대의 감정을 그대로 받아들이는 훈련이 덜 되어 있었던 모양이다. 상대방이 부정적 감정을 느낄 때 내가 이 상황을 종료해야 한다는 압박감을 느끼면 이런 상황이 발생한다.

지금 슬픔을 겪는 이는 먼저 자신의 감정을 충분히 표현할 수 있어야 한다. 구체적인 해결책을 찾는 것은 그다음이다. 무언가 답을 주고 당장 문제를 해결해 주어야 한다는 압박감은 서로에게 부담감만 느끼게 한다. 그러면 둘의 관계는 불편해진다. 따라서 애도는 중요한 공감의 방식이다.


요즘도 그런지는 모르겠다. 우리 세대의 남자아이는 주로 이런 이야기를 들으며 자랐다. "뚝 그쳐, 사내새끼가 그렇게 울면 어떡해?" 나는 그런 말을 일상처럼 들으며 자란 세대이므로 그것이 얼마나 폭력적인 말이었는지는 어른이 되어서야 이해할 수 있었다. 내 부모님 세대를 비난하고자 이런 말을 하는 것이 아니다. 그분들 역시 희생자다. 그분들 또한 부모에게 그런 소리를 들으며 자랐을 것이다. 그분들은 자신이 배운 대로 자식에게 가르쳤을 뿐이다. 그리고 그렇게 배운 나 역시 같은 실수를 저질렀음을 고백해야겠다.

내가 처음 아이들을 가르치던 시절, 나는 남자아이는 여자아이보다 강하게 키워야 한다고 생각했다. 그 애들은 커서 군대에 가야하고, 가족을 부양하는 가장의 역할을 맡아야 한다고 생각했기 때문이다. 나는 남자아이를 '사내답게' 길러서 사회로 내보내는 것이 그 아이들의 인생에 도움이 되리라 생각했다. 그랬기에 그 아이들의 슬픔에, 힘듦에 공감하지 못했던 것 같다. 내가 얼마나 폭력적으로 남자아이들을 대하고 있었는지 깨달은 건 시간이 더 지나고 난 다음의 일이다.


누구도 군대에 가기 위해서, 가족을 부양하기 위해서 태어난 건 아니다. 모든 인간은 자유롭고 행복하기 위해 태어난다.

그리고 실제 그런 권리를 누려야 한다. 그렇지 못하기에 비극은 발생한다. 그래서 우리 모두는 슬픔을 겪는다. 아픔을 겪고, 내 뜻대로 되지 않는 세상에 고통을 느낀다. 그 고통은 우리 모두 겪는 것이므로 우리는 타인의 아픔에 공감할 수 있다. 그 공감을 표현하기 위해 너무 빠르게 방법을 제시하고 내 생각을, 내 경험을 제시하려 할 필요는 없다. 그것은 의도와는 다르게, 상대가 자신의 슬픔에 충분히 마주할 수 없게 만든다. 그리고 서둘러 그 감정에 부정적 딱지를 붙여버리고 더 이상 들여다 볼 수 없게 만든다. 마치 커다란 돌로 더는 쓰지 않는 우물을 덮어버리는 것처럼. 그러면 상대방은 살면서 더는 그 감정을 직시할 수 없게 될 것이다. 마치 처음부터 그런 감정은 없었던 것처럼 굴겠지만 때때로 그 감정은 바깥으로 나오려 할 것이다.

살면서 우리는 많은 실수를 하고, 불운을 겪고, 돌이킬 수 없는 선택을 한다. 더 슬픈 건, 이미 한 실수를 몇 번이고 되풀이한다는 데 있다. 우리는 그렇게 스스로에게 의도적이든, 아니든 상처를 입힌다. 그 상처가 얼마나 아픈 것인지 알기에 우리는 그 상처의 고통에서 벗어나려 애쓴다. 심지어 그것이 나의 고통이 아니라 남의 고통이라 할지라도. 왜냐하면 우리는 상대의 고통을 이해하고 그것을 온몸으로 받아들일 수 있는, 감정이입인 가능한 존재이기 때문이다. 그렇기에 우리는 상대에게 '그만 울어.'라고 하는 것인지도 모른다. 그러나 상대의 고통을 들여다보는 것, 그리고 그 상대가 겪는 아픔이 멎을 때까지 기다리는 것, 우리는 이것을 애도라고 부른다. 이러한 애도를 잘 해낼 수 있을 때 우리는 진정한 위로를 할 수 있다.

## · 이번 주 할 일 ·

☐ 살면서 슬펐던 일을 떠올리고, 그때 느꼈던 감정 마주하기

☐ 힘들어하는 이를 만났을 때 어떻게 행동해야 할지 생각하기

☐ 가까운 사람의 슬픔과 힘듦을 들어주고 공감하기

## · Memo ·

교활한 사람은 학문을 경멸하고, 단순한 사람은 학문을 찬양하며,
현명한 사람은 학문을 이용한다.
- 베이컨 -

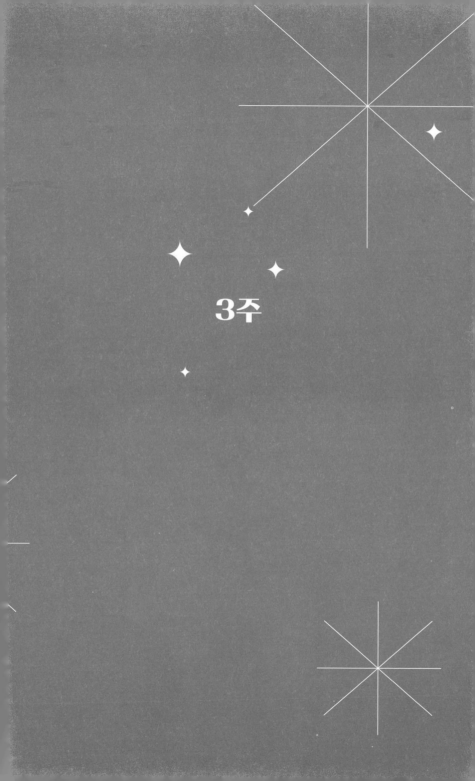

3주

# 연결·유대

사람 사이의 거리는 얼마가 적당할까? 이는 개인 성향에 따라 다르다. 외향적인 사람은 가까운 거리를 원할 테고 내향적인 사람은 먼 거리를 원할 것이다.

그런데 그보다 중요한 건 우리 모두 연결되어 있다는 사실 그 자체다. 연결 없이 살아갈 수 있는 존재는 없다. 연결이 없다는 건 형벌이다. 사람을 사람 사이에 두지 않으려고 격리하는 곳이 감옥이다. 그 감옥에서도 가장 힘든 곳이 독방이라고 한다. 타인에 무관심한 사람조차도 외따로 떨어져 있을 때 그리움과 외로움을 얼마나 극복할 수 있을지는 알 수 없는 일이다.

나는 살면서 4번의 수술을 받았다. 생명의 위협을 느낄 정도는 아니었고 내 삶에 지장이 오지 않도록 하는 수술이었다.

그 수술들을 겪고 나면 세상이 달리 보였다. 나는 마취가 잘못되어 영원히 세상과 이별할 수도 있었다. 또는 수술 중 사고로 이전과는 다른 형태의 삶을 살아야 할 수도 있었다. 그런데도 나는 여전히, 전보다 더 나은 모습으로 세상을 살고 있다. 이는 나를 도운 사람들이 있었기 때문이다. 나를 치료해 준 의사와 간호사는 물론이고, 내가 수술비를 낼 수 있도록, 돈을 벌 수 있도록 도와준 사람 한 명 한 명과 나는 연결되어 있다.

보험회사는 내가 일상으로 무사히 돌아갈 수 있도록 경제적으로 나를 지원했고, 돌아갈 직장에서 나와 함께 일할 사람들이 있었기에 나는 여전히, 그리고 무사히 존재할 수 있다. 그들 덕분에 나는 회복할 때까지 시간을 벌었고 내가 있어야 할 위치로 복귀했다. 그렇게 생각하자 나는 뭐든지 혼자 할 수 있다는 생각은 참으로 오만하며 진실에서 벗어난 이야기라는 생각을 하게 되었다.


어렸을 때 가장 좋아한 소설책은 다니엘 디포Daniel Defoe의 작품 『로빈슨 크루소』였다. 뭐든 혼자 살아가며 해내는 주인공이 매력적이었기 때문이다. 그러나 나이를 먹어갈수록 혼자 살 수 없다는 생각을 자주 한다. 특히나 정해진 시간에, 원하는 방식으로 죽기란 어려운 일이다. 우리는 모두 아프고, 병들고, 지쳐서 누군가의 도움을 받으며 생을 마감한다. 젊을 때 건강하고 독립적으로 살던 사람이라도 언제까지나 그렇게 살 수는 없다. 죽음 앞에 우리 모두 겸손해야 하는 이유다.

유치원 선생님들이 하시는 말씀을 들어보면 요즘 아이들은 어울려 노는 방법 자체를 모르는 경우가 많다고 한다. 공동의 규칙을 이해하고 규칙에 따라 노는 것은 그 자체로 배움이다. 그런데 그러한 배움이 일어날 수 있는 최소한의 지식도 없다는 것이다. 이는 사회적 연결이 제대로 이루어지고 있지 않음을 의미한다. 아이들은 그렇게 점점 외로워진다.

원시 시대 수렵 활동을 하던 무렵부터 인간은 여러모로 함께 지내는 편이 안전하다는 사실을 배우게 되었다. 사냥을 나갈 때 사냥할 대상이 토끼나 사슴만 있는 것은 아니기 때문이다. 때로는 호랑이나 사자와도 마주쳐야 하는데, 이러한 동물과 혼자 맞선다는 것은 자살 행위에 가깝다. 따라서 여러 사람과 함께 하는 것은 생존 전략에 큰 도움이 되는 방식이었다.

이는 요즘도 마찬가지다. 왕따를 당해 무리에서 밀려난 아이들이 얼마나 고통스러워하는지는 누구나 안다. 그런 아이들에게 "걱정하지 마. 어차피 인생은 혼자야." 같은 말은 위로가 되지 않는다.

아이들에게 친구 관계란 인생의 상당 부분을 차지하는 중요한 문제다. 물론 사람은 독립하는 과정이 필요하다. 그러나 그 말을 해줄 수 있는 것은 아이가 성장하여 어른의 세계에 진입하는 시점일 때다. 따라서 '나는 보호 받고 있고, 나 또한 남을 보호하는 데 기여하고 있다'는 생각을 할 수 있어야 한다.


사람에 지쳐 혼자 지내고 싶다가도 또 사람이 그리워 다시 사람을 찾게 되는 일, 그것이 우리가 살아가는 모습이다. 혼자서만 세상을 살아갈 수 없다면 '나는 남들과 어떻게 연결되어야 할까'를 생각해 보는 편이 좋지 않을까?

## · 이번 주 할 일 ·

☐ 멀어진 친구 3명에게 전화하기

☐ 가까운 사람에게 감사편지 쓰기

☐ 반려 동물·식물에게 매일 말 걸어주기

## · Memo ·

# 신뢰

사람에게 중요한 덕목 중 하나가 신뢰다. 신뢰가 없다면 우리는 살아갈 수 없다.

약속이 지켜지지 않고 모든 것이 불확실하다면 어떻게 세상을 살겠는가? 신뢰는 자연법칙처럼 확고하다.

예를 들어 해는 동쪽에서 떠올라 서쪽으로 지는 것이 당연한 이치다. 만약 해가 어느 날은 남쪽, 또 어떤 날은 서쪽에서 떠오르면 우리는 하루의 기준조차 모호하고 아무것도 예상할 수 없을 것이다.

신뢰할 수 있다는 말은 예측할 수 있다는 뜻이다. 예측할 수 없는 사람은 대개 누구나가 싫어한다. 미국 45대 대통령이었던 도널드 트럼프Donald John Trump를 생각해 보자. 그는 간접 선거의 수

혜를 입어 대통령에 당선된 사람이다. 당시 그와 맞붙었던 힐러리 클린턴<sup>Hillary Diane Rodham Clinton</sup>은 그보다 더 많은 표를 얻고도 그에게 패하는 불운을 겪었다. 이변이 낳은 대통령의 행보는 그야말로 파격의 연속이었다.

그는 동맹과 적의 개념을 가리지 않았다. 자신과 다른 존재는 모두 적으로 간주했고, 협상에 임할 때는 가차 없었다. 그의 협상 방식은 전통적인 서구 세력의 방식이 아니라, 과거 소련의 방식에 가까웠다. 그 방식이란 상대를 숨도 못 쉴 정도로 밀어붙인 다음, 시간이 지나면 수위를 조금 낮추어주는 방식이었다. 적절한 타협이나 양보와는 상관없는 무자비한 방식이었으며 사람들의 상식을 벗어나는 수준의 요구를 하곤 했기에 상대국 지도자들은 당황할 수밖에 없었다.


이 모든 것은 그가 주장한 내용, '미국을 다시 위대하게<sup>MAKE AMERICA GREAT AGAIN!</sup>' 만들기 위한 것이었다. 하지만 그는 국제 사회에서 고립되었을 뿐 아니라 정작 미국에서도 인기 없는 지도자로 전락하고 말았다.

특히 그에게 타격을 가한 것은 코로나19 사태에 적절한 행동을 취하지 않았다는 점이었다. 그는 예방 대책이 아니라 미국 질병청과 과학자들을 비난하느라 시간을 허비했다. 그를 따르는 지지자들은 그의 정책 때문에 목숨을 계속 잃어야 하는 상황에 빠졌다. 의학 학술지 랜싯Lancet에 따르면, 트럼프가 적절한 조치를 취했더라면 사망자의 40%는 목숨을 구할 수 있었을 것이라고 한다. 이는 미국 대통령 선거에서 재선에 실패한 책임이 전적으로 트럼프 대통령 그 자신에게 있었다는 뜻이다.

내가 아는 미래학자들은 미국 대통령 선거 1년 전까지만 해도 당연히 트럼프가 재선될 것을 믿어 의심치 않았다. 그러나 그는 상징적 의미밖에는 없다고는 하지만 탄핵의 위기에 몰렸던 전직 대통령이 되었을 뿐이다. 이 모든 것이 사람들의 기대를 저버리고 파격에만 심취한 결과다.


예측이 불가능하면 측정 또한 불가능하다. 측정이 불가능하면 계획을 세울 수 없다. 계획을 세울 수 없으면 대책도 세울 수 없다.

이 모든 것은 여러 개의 톱니바퀴처럼 맞물려 있다. 공동체의 규칙을 파괴하고 제멋대로 하려는 사람이 조직에 끼치는 해

악은 때로 이루 말할 수 없을 정도다. 물론 세상의 발전을 위해 기존의 것을 초월하는 존재가 때때로 나타나는 것은 막을 수 없고, 그래서도 안 된다.

그러나 그 목적이 공동체가 파괴되든 말든 내 이익이 우선인 사람이라면 이야기가 달라진다.

그런 사람의 행동은 종잡을 수 없다. 그런 사람은 의도를 파악하기 어렵고, 그렇기 때문에 행동의 이유를 생각하느라 다른 사람들이 많은 시간을 써야 한다. 그러면 당연히 피곤해진다.

그래서 예측 불가능한 인물은 기피 인물이 된다. 기분에 따라 생각과 말이 달라지는 사람이 친구라면 얼마나 피곤한가? 그런 친구가 옆에 한두 명만 있어도 피곤한 법인데 직장 상사가 그런 사람이라고 상상해 보라. 얼마나 끔찍하겠는가? 그 상사와 부하직원의 하루는 이럴 것이다. 먼저, 부하직원은 그가 아침에 내린 명령을 수행한다. 일이 끝나면 부하직원은 상사에게 자신이 마친 일에 대해 보고한다. 그러면 상사는 퇴근 직전에 일이 잘못되었다며 불같이 화를 내고 아침과는 정반대되는 방식으로 일을 처리하라고 요구한다. 그는 원칙이 없으므로 자신이 오전에 어떤 지시를 내렸는지 기억하지 못한다. 결국 부하직원은 잡혀 있던 약속을 취소하고 야근을 한다. 그리고 좌절감을 느낄 것이다.

그러면 어떻게 해야 신뢰할 수 있는 사람이 될 수 있을까? 첫 번째는 자기 객관화다. 자신이 어떤 사람인지 알면, 다시 말해 언제 기분이 좋아지고 무엇에 열광하며, 반대로 무엇을 끔찍하게 생각하는지 알면 규칙을 세우기 쉬워진다. 나는 평소에는 먹을 것에 관심이 없지만 눈앞에 먹을 것이 있으면 기어코 다 먹는 버릇이 있다. 이 사실을 깨닫고 나서는 과자를 사지 않게 되었다. 혹은 사더라도 특정 업무를 마칠 때마다 일정량만 먹는 습관을 갖게 되었다.

예를 들어 글을 쓰는 경우라면 한 문단의 글을 쓸 때마다 비스킷 하나를 먹는다. 이러한 방식으로 나는 나를 길들이고 새로운 규칙에 적응할 수 있도록 만들었다.

신뢰는 '그 사람은 어떤 사람이다.'라는 인식을 남들에게 줄 수 있어야 한다는 의미다. 물론 이러한 신뢰는 긍정적인 내용이어야 한다. '그 친구는 아침에 지각하는 법이 없어', 'OO 씨는 맡은 일을 늘 시간 안에 해내는 사람이야'와 같은 것이 그것이다.

이러한 신뢰는 좋은 자산이며 하루아침에 만들어지지 않는다. 무엇보다 스스로를 믿을 수 있으면 더 큰 기대를 할 수 있고, 그 기대에 부응할 수밖에 없도록 자신을 격려할 수 있다.

그것이 더 큰 성과를 내는 방법이다. 그러니 자기 자신을 신뢰할 수 있는 사람으로 만들어 보라. 자기 자신을 믿을 수 있고 남도 자신을 믿게 할 수 있는 사람은 큰일을 해낼 수 있는 사람이다.

## · 이번 주 할 일 ·

☐ 약속을 하기 전에 한 번 더 생각하기

☐ 약속된 장소에 정해진 시간보다 10분 일찍 도착하기

☐ 정해진 시간에 할 수 있는 일 3가지 찾기(식사, 양치질 등)

## · Memo ·

# 일치·일관성

상대와 덜 다투면서 문제를 해결하는 방법이 있다. 그 중 하나가 상대와의 의견 중 일치하는 점을 강조하는 것이다. 이것을 이해하는 사람은 이렇게 말한다.

"그러니까 당신과 나는 이러저러한 점에서 의견이 일치하는군요. 약간의 차이가 있지만, 그건 별 문제가 되지 않는 부분이고요."

이것이 대화할 때 저항감을 줄이는 방법이다. 아울러 논의의 접점을 찾아가는 과정이기도 하다. 문제 해결은 상대와 내가 공통점이 많고 차이점은 적다고 이야기할  때 가능해진다.

문제를 일으키는 사람은 정확히 그 반대로 한다. 그들은 대개 상대의 의견을 들으면 이렇게 말한다.

"저는 그렇게 생각하지 않는데요?" 이것은 상대방과 내가 서로 함께 할 수 없다는, 둘 중 하나만 살고 하나는 죽어야 한다는 선언과도 같다. 사생결단을 내려는 이러한 논쟁 방식은 서로를 힘들게 하고 모두를 패배하게 만든다.

나는 논쟁이 사람의 정신과 관계를 파괴하는 과정이라고 생각해 왔다. 물론 토론이 갖는 좋은 점이 있다. 토론을 준비하면서 똑똑해진다는 점이다. 자료 수집을 하면서 공부하지 않을 수 없기 때문이다. 그러나 그 똑똑함은 상대를 이기겠다는 목적에서 비롯된 결과다. 이기면 오만함을, 지면 열패감을 불러온다. 우월감과 열등감은 동전의 양면과 같다. 그 둘은 항상 붙어 다니며 토론은 언제나 그 사실을 증명한다.


논리적으로 아주 완벽하게 상대를 이겼다 해도 남는 결과가 더욱 악화된 관계뿐이라면 도대체 누가 이겼다고 말할 수 있겠는가? 반면 상대와의 일치점을 찾으려 애쓰는 일은 공감을 위해 노력한다는 의미이며, 그럴 수 있을 때 우리는 상대의 고통을 볼 수 있다. 그렇게 되면 상대방이 요구하는 것은 내가 미처 생각지 못했던 방향에서는 매우 당연한 것일지도 모른다는 사실을 이해할 수 있다.

스티븐 코비Stephen Covey는 패러다임의 전환을 강조한 사람이다. 그가 쓴 『성공하는 사람들의 7가지 습관』에는 이런 이야기가 나온다. 젊은 아버지와 어린 딸이 지하철에 탔다. 딸은 지하철에서 시끄럽게 놀고 있었다. 사람들은 불편해했고 누군가가 젊은 아버지에게 말했다. 아이에게 주의를 주어야 하지 않겠느냐고 말이다. 그러자 그 아버지가 이렇게 대답했다. 방금 저 아이의 어머니가 죽어서 뭘 어떻게 해야할지 모르겠다고.

이 말을 들은 사람들은 어떤 마음이 들었을까? 처음에는 화가 났겠지만 그 다음엔 동정심으로 가득 찬 위로를 건네고 싶었을 것이다. 공공장소에서 시끄럽게 굴면 안 된다는 규칙은 중요하다. 그러나 때로 마음이 아픈 사람을 위로하는 일보다 중요하지는 않을 수 있다. 이는 우리가 상대의 입장과 처지를 헤아리려 노력하는 일은 일곱 살 수준의 규칙 준수보다 때로 중요할 수 있다는 의미다.

직장 생활 중에 나를 힘들게 하던 상사들이 있었다. 그런데 그 상사들과 나의 공통점을 찾아보려 애쓰자 생각보다 많은 점이 있다는 사실을 이해하게 되었다. 신경질적인 상사의 모습은 내 안에도 있었다. 실수하고 싶지 않은 나머지 그 실수를 하게 만든 사람들에게 화를 내는 모습이었다. 흔히 '기분이 태도가 되지 않게 하라.'고 하는데, 나는 그 격언을 종종 잊었다. 그렇다면 답은 둘 중 하나다. 남과 떨어져 혼자 살든지 아니면 화를 들여다보고, 관찰하고, 이해하고, 품어줌으로써 남과의 관계를 개선하든지. 나는 혼자 사는 편이 훨씬 쉽지만 언제까지나 그럴 수 없다는 사실 또한 알고 있었다. 그래서 인간 심리에 대해 공부를 하기 시작했고, 그것을 통해 내가 얼마나 성장할 수 있는 존재인지를 이해하게 되었다.

내가 완벽한 사람이란 뜻이 아니다. 그것은 불가능한 일이다. 그러나 상대와의 일치점을 찾으려 노력하고 갈등을 줄이는 일은 노력하면 누구나 가능한 일이다. 나는 그 사실을 이해하려 애썼고 잊어버리지 않으려 노력한다.


우리는 모두 같을 수 없다. 그러나 일치하는 점을 찾으려 노력하면 충분히 찾을 수 있는 경우도 많다. 상대와 나의 공통점을 발견하려 하면 할수록, 그리고 차이점은 다름에 불과하다는 사실을 기억할수록 우리는 서로에게 더 친절한 존재가 될 수 있다. 나와 전혀 다른 존재는 말 그대로 '다른 존재'일 뿐 '틀린 존재'가 아니다. 사람들은 나와 다른 행동 양식을 갖고 살아가는 사람들을 '틀린 사람'으로 오해한다.

그것은 사실이 아니다. 일치된 견해, 서로 조율된 방식은 우리가 세상을 더욱 풍요롭게 살아갈 수 있도록 도와준다. 나와 다른 저 '사악한 인간'을 끝장내야 한다는 사고방식으로 사는 사람들은 사실 그 목적을 달성하지도 못했고, 자신을 속인 대가로 혹독한 결말을 맞이하곤 했다.


가령 미국의 경우를 생각해 보자. 미국은 '통킹만 사건'을 일으켜 베트남에 침투했다. 통킹만 사건이란 베트남이 미 해군을 공격했다는 이유로 미국이 베트남에 선전포고한 사건을 말한다. 그러나 이는 사실이 아니었다. 미 해군은 베트남으로부터 2차례의 공격을 받았다고 주장했지만, 적어도 전쟁 개시의 명분이 된 2번째의 공격은 존재하지도 않았기 때문이다. 베트남과의 전쟁 확대를 주장한 당시의 미국 대통령은 존슨Lyndon B. Johnson

이다.

그러나 그조차 베트남이 정말 공격했는지 확신할 수 없는 상
태였다는 사실이 훗날 밝혀졌다. 그러나 이는 미군 250만 명이
투입되어 전쟁을 8년이나 치른 다음에야 밝혀진 내용이다. 미국
은 이 사건으로 오늘날로 환산하면 약 100조 원에 가까운 비용
을 썼고 그보다 가치 있는 5만 8천여 명의 생명을 잃었다.


나와 다른 존재의 일치점을 찾기란 물론 훈련되지 않은 사람
에겐 어렵다. 그러나 그만큼 얻는 대가도 크다. 적이라고 여겨졌
던 사람조차 내게 은혜를 베풀고 싶게 만드는 방법은 그와 내가
닮은 꼴이며 그러므로 우리는 서로 함께할 수 있는 존재라고 믿
게 만드는 방법뿐이다.

✳

## · 이번 주 할 일 ·

☐ 불편한 상대와 나의 공통점 5가지 찾아보기

☐ 불편한 상대의 장점 3가지 찾아보기

☐ 어색한 사람과 잘 지낼 수 있는 나만의 방법 만들기

## · Memo ·

# 자기 돌봄

스스로를 아는 사람은 극히 적다는 사실은 놀랍지만 진실이다.

지금 당장 종이와 펜을 꺼내 자신에 대해 아는 것을 적어보라. 당신은 10개를 적을 수 있고 20개를 적을 수도 있겠지만, 30개 이상 적기는 어려울 것이다. 세상에 심리 검사가 존재하는 이유는 사람들이 자신을 객관적으로 이해하는 일에 서투르기 때문이다. 사람들이 객관적인 자기 평가를 어려워하는 이유는 무엇일까?

그것은 스스로에 대해 생각할 시간을 갖지 않기 때문이다. 우리가 관심 갖는 것은 내면이 아니라 외면이다.

나의 외적 조건을 향상하는 데 도움이 되는 것들이 우리의 우선적 관심 대상이 된다. 좋은 성적과 학력, 심지어 운동조차 그렇다. 건강을 위해서가 아니라 남에게 멋진 몸매를 보여주고 싶다는 생각 때문에 하는 경우가 그렇다. 우리는 눈에 보이는 것들을 먼저 얻고 나서 나중에 자신을 돌아보겠다고 말한다. 그러나 그것은 대개 실패로 끝난다.

예를 들어 좋은 대학을 졸업하면 좋은 취업 자리를 위해 노력하고, 좋은 취업 자리를 얻으면 좋은 지위를 얻기 위해 노력한다. 좋은 자리를 얻으면 결혼하여 아이를 좋은 환경에서 자랄 수 있도록 또 노력해야 한다. 이는 스스로의 삶을 평온이 아니라 투쟁으로 이끄는 모습이다. 그렇다. 우리는 날마다 전쟁을 치른다.


고대 로마인들은 '적절한 시기'라는 말을 믿지 않았다. 그들은 대신 '지금 당장'이라는 말을 믿었고, 행동은 신중함보다 낫다고 여겼다. 그들은 이러한 사고방식으로 이탈리아의 작은 부족에서 시작해 서방 세계의 지배자가 될 수 있었다.

적당한 때를 기다린다는 말은 대개 아무것도 하지 않겠다는 약속이다. 우물쭈물하는 사이 기회의 여신은 그대에게서 관심을 거두고 다른 이를 찾아 떠날 것이다. 그러니 지금 가장 중요한 일에 집중해야 한다. 일을 잘하려면 자신이 어떤 일을 왜 하고 싶고 그 일에 적합한 사람인지 알아보는 것이 먼저다. 그러기 위해 필요한 것은 직접적인 노력이다. 자신이 어떤 사람인지도 모르면서 이걸 하고 싶다, 저걸 하고 싶다고 말하는 학생을 나는 일 년에 수백 명씩 본다.

학생들에게 물어보면 그들 중 다수는 공무원이 되고 싶다고 한다. 그러나 나는 그 말을 조금도 믿지 않는다. 이유는 간단하다. 공무원이 한두 분야가 아니기 때문이다. 교육 공무원에는 교사와 교육행정직원이 있다. 도청이나 시청, 동사무소에 근무하는 일반행정직원이 있으며 경찰, 소방대원, 직업 군인도 공무원이다. 만약 어떤 아이가 '저는 군인이 체질인 것 같아요. 전 직업 군인이 되고 싶어요.'라고 한다면 이는 걱정할 일이 아니다. 꿈이 구체적이기 때문이다. 그러나 공무원이 되겠다는 말은 장래희망이 회사원이라는 말만큼이나 추상적이다. 자신의 진로에 대해 생각하는 법을 배운 적이 없는 아이들이 이런 말을 한다.


자신의 미래를 설계하고 그것을 실현하기 위해 애쓰는 것이야말로 진정한 자기 돌봄이다. 이는 자신을 위로하거나 격려하는 일보다 한 차원 높은 수준의 것이다. 그런데 자신의 삶을 만든다는 말이 좋다는 걸 이해하면서도 실제 그것을 어떻게 해야 하는지 모르는 이들이 있다. 나는 그런 이들에게 이렇게 조언하고 싶다.

첫째, 광화문 교보문고에 가라. 만약 갈 형편이 못 된다면 최대한 갈 수 있는 가장 규모가 큰 지역 서점에 가라. 그리고 거기서 세상이 얼마나 넓은지를 보라. 정치, 경제, 역사, 문화, 철학, 심지어 재테크까지, 서점은 사람들이 관심을 보이는 모든 분야를 망라한다. 대형서점은 그 자체로 장엄한 하나의 세계다. 거기서 사람들이 얼마나 기쁘게, 그리고 치열하게 책을 읽는지를 보아야 한다. 그러면 책을 멀리하던 사람은 그 분위기에 압도당한다. 반면 책을 사랑하는 사람은 책을 읽는 이들 속에 자신 또한 함께 할 수 있음에 자부심을 느낀다. 우리의 첫 번째 목표는 드넓은 세계에서 자부심을 느낄 수 있는 존재로 거듭나는 것이다.

둘째, 거기서 분야별로 마음에 드는 책을 살펴본다. 그러다 마음에 드는 책을 발견하면 비슷한 종류의 책 4권을 더 고른다. 이러면 한 분야에서 5권의 책을 고를 수 있다. 그 책을 돈을 주고 사서 나온다. 미래를 위한 투자이니 5만 원쯤은 기꺼이 써도 좋다고 생각하라. 그리고 그 책을 집에 와서 읽는다.

셋째, 여기서는 두 가지 경우로 나뉜다. 만약 집에 와서 읽은 5권이 당신에게 감동으로 다가오고 그 내용이 가치 있다고 느껴진다면 그 분야는 당신이 선택해야 하는 분야라고 믿어라. 그리고 서점에서 가서 같은 분야의 책을 또 사온다. 이런 식으로 한 분야를 깊이 파고드는 독서를 시작할 수 있다. 반면 생각보다 마음에 들지 않고 이해하기 어렵거나 재미가 없다면, 다시 서점에 방문한다. 다만 이 경우는 새로운 분야를 재탐색하는 과정을 거친다. 다시 5권의 책을 고르는 일을 시작하는 것이다. 이렇게 하면서 내가 어떤 사람인지, 어떤 일을 좋아하는 사람인지 파악할 수 있다.

스스로를 돌본다는 것은 타인의 요구에 휩쓸리지 않음을 의미한다. 자아가 허약하지 않은, 내면이 단단한 존재만이 그럴 수 있다.

그런데 예상치 못한 상황에 필요 이상으로 당황하고 상대에게 끌려다니는 학생들을 볼 때가 있다.

이들은 두 가지 특징을 지닌다. 첫째, 평소 깊이 있게 생각하는 훈련이 되지 않은 경우다. 그러니 허를 찔리면 상대에 굴복한다. 둘째, 자신도 모르는 약점을 상대가 공격할 때다. 이는 자신이 어떠한 존재인지를 자신만 모를 뿐 남들에게 읽힌 경우다. 귀가 얇은 사람은 남의 사탕발림에 넘어가고, 세상을 호의적으로만 보는 사람은 다른 사람에게 속고는 자신의 가슴을 친다. 나를 지킬 줄 아는 사람은 자신만의 시간에서 자신만을 위한 결정을 내릴 줄 안다. 그런데도 이들이 다른 이와 함께 하기로 선택했다면, 이는 외롭거나 다른 방법이 없어서가 아니다. 그저 함께 하는 것이 즐겁고 자신을 희생한다는 생각은 들지 않기 때문이다.

결국 자신을 돌보려면 자신을 깊이 이해하려는 노력과 함께 스스로를 지킬 수 있는 내면의 깊이가 필요하다.


남에게 끌려다니는 삶이 아니라 스스로를 이끄는 삶을 살아가기 위해 노력하는 이는 언제나 매력적이다. 내면이 빛난다는 것은 바로 이런 사람의 모습을 가리킨다.

⊠

### · 이번 주 할 일 ·

☐ 나를 행복하게 만들어주는 일 5개 찾고 실행하기

☐ 서점에 가서 맘에 드는 분야의 책 5권 골라오기

☐ 선택한 5권의 책을 최대한 신속히 읽기

⊠

### · Memo ·

# 목표 설정

꿈과 목표의 차이는 무엇일까? 학생들에게 종종 던지는 질문 중 하나다. 나는 '꿈+마감 시간=목표'라는 공식을 갖고 있다.

언제까지 무엇을 달성하겠다고 결심하면 불확실한 꿈은 목표로 변한다. '마감시한'이 중요한 까닭은 그게 있어야 사람이 노력하기 때문이다.

예를 들어 학생들의 자격증 취득 공부를 도와줄 때가 있다. 그럴 때 내가 가장 먼저 하는 일이 있다. 남은 시험 날짜 중 가장 빠른 시험과 그다음 시험 날짜를 확인하는 일이다.

공부가 전혀 안 되어 있는데 일주일 뒤의 자격증 시험을 보러 갈 수는 없는 일이다. 그래서 그다음 시험 날짜를 찾아보았더니 3~4주 뒤인 경우가 있다. 그러면 나는 그 날짜의 시험 접수부터 하게 한다. 이것이 마감 시한을 설정하는 일이다. 그 작업부터 해야 공부에 집중할 수 있다.

기욤 아폴리네르 <sub>Guillaume Apollinaire</sub> 도 나와 같은 생각이었던 모양이다. 그는 이런 말을 남겼다.

그가 말했다.
"가장자리 끝으로 오라!"

그들이 대답했다.
"우린 두려워요."

그가 다시 말했다.
"가장자리 끝으로 오라."

그들이 왔다.
그는 그들을 밀어버렸다.
그리하여 그들은 날았다.

날개가 다 자랐는데도 날려고 하지 않는다면 어미는 새끼를

둥지 바깥으로 쫓아낼 일이다. 그래야 날 수 있다. 최초의 비행은 어린 새에게 공포다. 그러나 그 공포를 극복하지 않으면 새는 새일 수 없게 된다. 살면서 정말 똑똑한 사람을 보곤 한다. 그들은 문제가 어디 있는지 정확하게 분석하는 예리함을 보인다. 그러나 그들 모두가 훌륭한 실행가는 아니며, 그들이 늘 결과를 내는 것도 아니다. 이는 똑똑한 사람이 분석하고 이론에는 강할 수 있지만 그것이 문제해결능력을 보장하지는 않는다는 의미다.

경제가 불확실할 때는 많은 사람이 전문가를 자처한다. 아파트값이 떨어질 수밖에 없는 이유를, 주식시장이 붕괴할 수밖에 없는 이유를, 그들은 수십 수백 가지는 만들어낼 수 있다. 반대로 이러한 위기는 일시적이며, 곧바로 시장 경제는 회복될 수밖에 없다고 주장하는 이들의 숫자도 그만큼 많다.

그들을 보고 있노라면 중국 춘추전국시대 사상가들의 논쟁이 이랬을까 싶다. 그러나 지나고 보면 그들 말이 전부 옳은 것도 아니었고, 옳을 수밖에 없다고 생각했던 것도 상황이 변하여 옳지 않게 되는 경우도 있었다. 어느 분야든 남의 말에만 귀를 기울이면 안 되는 이유다. 핵심은 남의 말을 잘 듣기만 하는 것이 아니다. 작고 사소해도 좋다. 구체적인 행동을 시작해야 한다.

만약 목표를 달성하려는 의지가 부족해서 걱정이라면 '챌린저스'라는 앱을 추천한다. 이 앱은 보증금을 걸고 특정 행동을 반복할 수 있도록 도와준다.

예를 들어 '아침 7시에 일어나기'를 목표로 보증금 1만 원을 걸면 2주 동안 매일 손 씻는 모습을 사진으로 찍어 인증 사진을 올려야 한다. 올리지 못한 날이 많을수록 그에 비례해 보증금을 돌려받을 수 없다. 그리고 그 돈은 같은 미션에 참여한 사람들의 상금이 된다. 반면 목표를 완수하면 보증금을 되찾을 수 있다. 그러니 돈을 잃지 않으려면 미션을 수행해야만 한다.

나는 현재 15개의 미션에 참가하고 있으며, 이 미션은 내가 목표로 한 일을 성실하게 해낼 수 있도록 돕고 있다. 그런데 그 미션이라는 게 대단한 것만 있는 게 아니다. 대단한 건 아닌데 자주 잊어버리고 하지 않는 것들도 꽤 된다.

예를 들면 아침마다 영양제 챙겨 먹기, 하루 2번 인공눈물 사용하기, 날마다 향수 뿌리기 등이 그렇다. 다른 사람들이 얼마나 열심히 참여하고 있는지도 확인할 수 있고, 그래서 더욱 자극을 받기도 한다.

내가 목표를 설정하고 도전하지 않았다면, 귀찮음을 느끼면서도 매일 팔굽혀펴기를 100번씩 하고, 스쿼트를 200번씩 하는 일은 없었을 것이고, 글쓰기 진도는 훨씬 느렸을 것이다.

목표 달성은 긍정적 변화를 가져온다. 가치 있는 일 중에 쉬운 일은 없다. 쉽지 않아 가치 있는 것이기 때문이다.

예를 들어 흡연을 하는 사람에게 금연은 쉬운 일이 아니다. 그러나 가치 있는 일이다. 식탐 있는 사람이 운동하러 가는 행동도 쉬운 일은 아니다. 그러나 이 역시 가치 있는 일이다. 사람이 나아짐을 느끼는 때는 쉬운 일을 할 때가 아니라 가치 있는 일을 할 때다.

그러니 우리가 가치 있는 일을 할 수 있도록 올바른 목표를 설정하자. 그것이 때로 무기력한 삶에서 우리를 구원하고 공허한 마음을 채워주며 더 나아지고 있다는 확신을 가져오기 때문이다.

⊠

**· 이번 주 할 일 ·**

☐ 챌린저스 앱으로 하고 싶은 목표 찾아 도전하기

☐ 목표 달성을 확인하기 위한 일정표 만들기

☐ 작은 목표를 달성할 때마다 자기 자신에게 상 주기

⊠

**· Memo ·**

# 성실

부처님께 어리석은 제자가 있었다. 그는 한 가지를 듣고 그다음을 들으면 앞의 것은 벌써 잊어버리는 사람이었다. 그의 이름은 주리반특가周利槃特迦였는데 이는 '큰 길로 나아가지 못함'을 의미하는 이름이었다.

부처님의 제자는 이름처럼 큰 도를 깨우치기 어려워 보였다. 그에 비해 그의 형이었던 마하반특가는 하나를 들으면 백을 아는 사람이어서 많은 이들의 기대를 받았다. 어느 날, 형인 마하반특가는 동생을 보고 한심스럽다는 듯이 말했다.

"너는 아무리 배워도 소용이 없으니 빨리 집으로 돌아가거라."

이 말을 들은 동생은 방 밖으로 나와 슬퍼하며 울었다. 그 모습을 보고 지나가던 부처님이 그에게 우는 이유를 물었다. 주리반특가는 자신이 지혜롭지 못해 배울 수 있는 것이 없으므로 형에게 쫓겨난 것이라고 하였다. 이에 부처님은 주리반특가를 위로하며, 계속 수행을 할 것을 권하였다.

그러나 부처님의 설득에도 주리반특가는 집으로 떠나려 하였다. 그러자 부처님은 자신의 10대 제자 중 가장 자질이 뛰어난 아난阿難을 불러 주리반특가를 가르게 하셨다. 그러나 아난 또한 도무지 주리반특가를 가르칠 수 없었다. 아난이 부처님께 주리반특가를 가르쳐도 나아지는 면이 없다고 말씀드리자, 부처님은 다시 주리반특가를 불러 오직 두 구절만 암송하게 하였다. 그 두 구절은 이것이다.

"먼지를 털고, 때를 닦는다."

그러나 주리반특가는 이 두 구절조차 외우지 못했다. 그래서 부처님은 다시 주리반특가에게 다른 수행자들의 신발을 닦고 경내를 청소하게 하셨다. 주리반특가는 처음으로 자신이 할 수 있는 일을 찾게 되었다. 그래서 부처님과의 약속대로 날마다 수행자들의 신발을 닦고 청소하는 일을 게을리하지 않았다.

다른 수행자들은 그런 주리반특가를 위해 그가 자신의 신발을 닦아줄 때마다 부처님이 말씀하신 두 구절을 암송하여 들려주었다. 주리반특가가 그 두 구절을 기억할 수 있기를 바라며 말이다.

그러던 어느 날이었다. 신발을 닦던 주리반특가는 문득 이런 생각을 하게 되었다. '먼지가 바깥에 있는 것이라면 내 안에 있는 때는 무엇일까? 혹시 탐욕이 아닐까? 그렇다면 바깥의 먼지를 닦는 일도 중요하지만 내 안의 탐욕을 닦는 것도 중요하겠구나.' 생각이 여기에 미치자 주리반특가는 부처님께서 왜 자신에게 다른 제자들의 신발을 닦고 경내를 청소를 하라고 하셨는지 이해할 수 있었다. 그 순간이었다. 그는 순간적인 깨달음을 얻었고 아라한阿羅漢의 경지에 이르렀다. 그는 모든 어리석음을 떨쳐버렸다.


이번엔 내가 아는 분께 들은 이야기다. 두 학생이 있었는데, 둘은 같은 체인점의 피자 가게에서 아르바이트를 하게 되었다.

한 명은 머리가 뛰어나고 계산도 빨랐으나 다른 한 명은 그렇지 못했다. 머리가 뛰어난 학생은 금세 아르바이트를 그만두어 버렸다. 더 편하고 시급도 많이 주는 다른 자리가 보였기 때문이다. 그래서 머리 좋은 학생은 계속 아르바이트 자리를 바꾸었다.

그 결과 그 학생은 아르바이트만 전전하게 되었다. 반면 피자 가게에서 계속 일하던 다른 학생은 자신이 일하던 가게에서 정직원이 되었다. 우직하게 한 가게에서 꾸준히 일한 결과였다. 더 나중에는 책임자가 되었다고 한다.

맹자孟子는 군자君子에게는 세 가지 즐거움이 있다고 했다. 그중 하나가 '천하의 영재를 얻어 가르치는 일'이라고 하였다. 그리고 이는 맹자뿐만 아니라 가르치는 일을 직업으로 삼은 이들의 공통된 기쁨이기도 하다. 하나를 들으면 열을 안다는 '문일지십聞一知十'이라는 말은 그래서 생겼을 것이다.

그러나 가르치는 이의 기쁨이야 어떻든 빠르게 배우는 학생이 반드시 성공하는 것은 아니다. 머리가 좋고 이해를 빨리하더라도 끈기가 부족해서 하던 일을 포기하는 학생은 많다. 이 학생들은 '너무 똑똑하기 때문에' 합리적으로 판단하여 지금 하는 일을 중단하곤 한다. 앞서 예로 든 아르바이트 학생처럼 말이다. 이런 학생이 성공에 이를 가능성은 매우 적다고 보아도 좋다.

반면 아둔하여 깨우치는 속도는 느리지만 가르치면 가르치는 그대로 배우고 실천하는 학생이 있다. 이런 학생들은 예측이 쉽다. 한결같기 때문이다. 오늘은 어디까지 해 보자고 과제를 내주면, 시간이 얼마가 걸리든 그 일을 해낸다. 이런 학생들은 약속도 없다. 이는 오늘은 집에 일찍 들어오라는 부모님 말씀도 없고, 친구를 보러 가야 할 필요도 없다는 뜻이다. 나는 이런 학생을 가르칠 때 즐거움을 느낀다. 이런 학생이 성과를 낸다는 사실을 알고 있기 때문이다.


다시 부처님의 말씀으로 돌아가 보자. 부처님은 주리반특가에게 불경을 외우지 못한다고 꾸짖지 않으셨고, 그가 단 두 구절의 내용조차 암송하지 못한다고 비난하지도 않으셨다.

또한 주리반특가는 부처님의 가르침 중에서 자신이 할 수 있는 한 가지에만 매진하여 깨달음을 얻었다. 실제 주리반특가가 깨달음을 얻자 부처님은 많은 법문의 구절을 외우는 것보다 하나를 제대로 깨우치는 편이 더 낫다고 말씀하셨다.

오늘의 우리는 어떠한가? 우리는 너무 빨리, 그리고 너무 많이 배운다. 그리고 많이 안다고 생각한다. 착각이다. 우리는 쓸고 닦는 일에서 도를 얻는 일도 제대로 해내지 못한다. 그러니 사실 우리는 제대로 아는 게 별로 없다고 해야 할 것이다. 그런 점에서 성실함은 내가 모른다는 사실을 겸손하게 인정하는 데서 시작하는 것이며, 그 모름을 내버려두지 않고 노력으로 채워나가려는 한결같음을 이야기하는 것이라고 볼 수 있다.

⊠

· 이번주 할일 ·

☐ 매일 같은 시간에 일어나기

☐ 매일 같은 취미 활동 시간 갖기

☐ 날마다 30분씩 힘든 과목 공부하기

⊠

· Memo ·

# 전문성

　당신이 짜장면을 사 먹으러 간다고 생각해 보자. 중국집에 가서 짜장면을 먹었는데 맛이 별로였다. 왜 그런지 묻자 주인이 이렇게 대답한다. 사실 오늘은 주방장의 컨디션이 별로였고, 공급받은 재료 상태도 썩 좋지 못하다고 말이다. 그러면서 약속한다. 다음에는 꼭 괜찮은 짜장면을 맛볼 수 있게 해주겠다고 말이다.

　이 말을 들은 당신은 '아, 그렇구나. 다음에 오면 훨씬 맛있는 짜장면을 먹을 수 있겠구나.'하고 생각할까? 그럴지도 모르지만 아닐 가능성이 더 크다.

　당신은 군이 음식점 주인과 싸우지는 않더라도 음식 값을 계산하고 그 가게를 나오며 생각할 것이다. 다음에는 다른 괜찮은 중국 음식점을 찾아봐야겠다고 말이다. 사람은 짜장면 한 그릇을 먹더라도 자기가 낸 돈에 맞는 대가를 누리기를 원한다. 이러한 점을 모르는 사람은 전문성을 갖추기 어렵다. 그에게는 수많은 변명이 준비되어 있기 때문이다.


'파레토의 법칙'이라는 게 있다. 이는 전체 조직 구성원 중 20%의 사람이 80%의 중요한 업무를 처리하고 그 대가로 80%의 부를 차지한다는 법칙이다. 이는 바꿔말하면 나머지 80%의 사람은 20%의 부를 나눠 가질 뿐이라는 말이다.

또한 이 말은 전문성을 갖고 있거나 전문가가 되기 위한 자세를 갖춘 사람은 전체의 20%에 불과하다는 뜻도 된다. 농경 사회가 시작된 이래 사람들은 언제나 더 많은 생산성을 보여줄 수 있는 사람에게 호의적이었다. 과거 남아선호사상이 나타난 이유는 무엇이었을까?

농경 사회와 산업 사회에서 남자는 여자보다 힘쓰는 일을 더 잘했기 때문이다. 이제 세상은 변했고 단순히 노동을 잘하는 사람은 그다지 대우받지 못한다. 반면 지식노동은 성별에 상관없다. 오늘날 더 많은 여성이 사회진출에 성공하고 더 좋은 지위를 누리는 이유는 그 때문이다.

한 가지를 잘하는 이를 스페셜리스트<sup>specialist</sup>라고 하고 여러 가지를 잘하는 이를 제너럴리스트<sup>generalist</sup>라고 부른다. 요즘은 제너럴리스트가 득세하는 느낌이다. 그러나 잊어서는 안 된다. 스페셜리스트가 제너럴리스트가 되는 것은 가능하지만 그 반대는 어렵다는 사실을. 성공의 세계에 진입한 사람 중 자기 전문 분야가 없는 사람도 있을까? 우리는 자신을 소개할 때 '나는 이런 사람입니다'라는 한 줄 소개가 가능해야 한다. '이것도 할 수 있고, 저것도 할 수 있는 사람입니다'라는 말은 상대에게 신뢰를 주기 어렵다.

예를 들어 음식점을 차릴 때는 한 가지 메뉴를 제대로 할 줄 아는 편이 낫다. 그런데 처음에는 한 가지 음식을 전문 메뉴로 삼았다가, 장사가 안되면 이것도 해 보고 저것도 해 보면서 메뉴만 늘리는 식당이 있다. 그런 식당에는 가던 손님도 발길을 끊는다. 전문적인 요리를 기대할 수 없다고 생각하기 때문이다. 중요한 것은 자신이 정한 메뉴에 집착이라고 해도 좋을 만큼 집중하는 일이다. 그렇지 않으면 어떤 메뉴를 시작해도 애매한 수준에서 끝나버린다. 그러면 폐업이라는 결과 외에는 얻지 못할 것이다.

어느 TV 프로그램에 삼겹살집 주인에 관한 이야기가 나온 적이 있다. 그는 삼겹살이 굽는 석판에 따라 맛이 달라진다는 사실을 알게 되었다. 그래서 마음에 드는 석판을 구하고자 전국을 돌아다녔다고 한다. 그리고 그렇게 구한 석판을 삶고 길들이느라 많은 시간과 정성을 쏟았다. 자기 일에 이 정도 노력을 쏟는다면 그는 장인이라 할 수 있지 않을까? 그의 집에 손님이 몰려드는 것은 당연한 일이었다.

일을 좋아한다는 건 '그 일을 좋아할 수 있을 때까지' 하는 것이다. '좋아하는 동안만' 한다면 그는 전문가 되기를 포기한 것이나 다름없다. 좋아하는 일을 찾기 위해 애쓰는 것은 바람직하다. 그러나 시작한 일을 '최선을 다했다'고 말할 만큼 열심히 해내는 사람은 찾기 어렵다. 나는 최선이라는 단어를 함부로 입에 올리지 않는다. 그 이유는 작가 조정래의 말 때문이다.

그는 이렇게 말했다. "최선이란 단어를 함부로 쓰지 마라. 최선이라는 말은 스스로의 노력이 자신을 감동시킬 수 있을 때 할 수 있는 말이다"라고. 이런 최선을 다하는 시기가 1년이 되고 3년이 되면 여러분은 되고 싶지 않아도 전문가가 되어 있을 것이다. 물론 지루함을 참고 견디는 끈기는 하루아침에 길러지는 게 아니다. 그 일은 차라리 정신수양에 가깝다. 학생 때부터 긴 세월 이런 수양을 해낸 사람이 그렇지 않은 사람보다 성공 가능성이 높지 않을까.

우리는 승자 독식의 세계에 살고 있으니 어떻게든 살아남기 위해 전문성을 갖추어야 한다는 말을 자주 듣는다. 하지만 나는 그것이 우리가 전문가가 되기 위해 노력해야 할 이유의 전부는 아니라고 믿는다. 만약 당신이 자신의 재능을 남김없이 쓰는 삶을 살 수 있다고 생각해 보라. 그 삶이 얼마나 찬란하겠는가? 나는 그 상태가 자아실현이라고 생각한다.

이는 작가 구본형이 했던 말이기도 하다. 나는 그의 말에 동의한다. 이런 삶이야말로 가치 있는 삶이다. 전문가가 되는 길은 고되다. 그러나 그것이 불가능을 의미하는 것은 아니다. 우리는 스스로에게 최고가 될 수 있다는 확신을 주어야 하고, 그것을 공상이 아니라 현실 세계에서 노력함으로써 증명할 수 있다. 그러니 무엇을 잘하고 싶은가를 생각하기 전에 지금 하고 있는 사소한 일 하나하나를 최고의 수준에서 해내겠다고 결심하고 실행하라.

　전문가는 하고 싶을 때만 일하지 않는다. 때로는 원치 않는 일도 원치 않는 시간 내에 해낸다. 그것도 최고 수준으로. 당신 역시 그럴 수 있다. 바로 그런 사람이 되겠다고 결심하고 어떤 일이든 최선을 다해서 하겠다고 스스로에게 선언하고 증명하라. 그것이 당신이 전문가가 되는 길이며 마음의 풍요와 물질의 풍요를 동시에 얻는 길이다.

· 이번주 할일 ·

☐ 가장 하고 싶지 않은 일을 잘할 수 있는 방법 3가지 생각하기

☐ 컨디션이 안 좋을 때도 성과를 낼 수 있는 방법을 1가지 생각하기

☐ 지금 하는 일을 더 잘하기 위해 필요한 것 1가지 찾기

· Memo ·

자신을 믿어라. 자신의 능력을 신뢰하라.
겸손하지만 합리적인 자신감 없이는, 성공할 수도 행복할 수도 없다.
- 노먼 빈센트 필 -

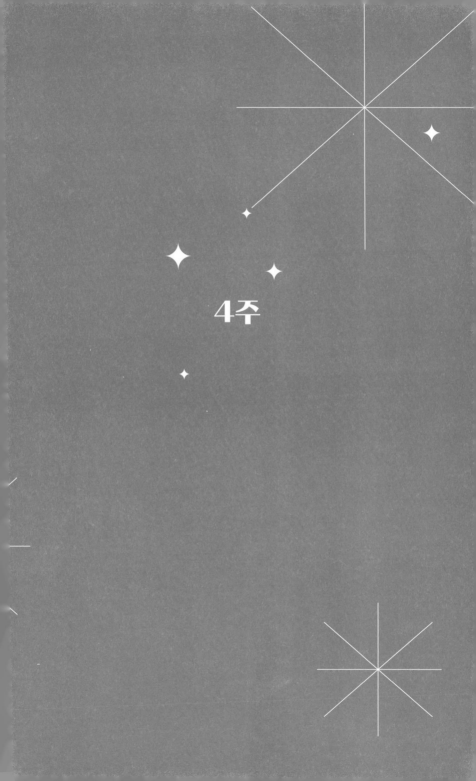

4주

# 신체 활동

　최근 늦게까지 남아 공부하던 여학생 한 명이 야간 수업을 그만 듣겠다고 이야기했다.

　이유는 체력 저하. 피곤해서 도무지 수업을 들을 수 없다고 했다. 안타까운 일이었다. 그래도 알았다고 하며 보내줄 수밖에 없었다. 나이를 먹을수록 느끼는 것은 운동이 생각보다 할 만하다는 것이었다.

　원래 나는 운동을 좋아하는 편이 아니다. 어느 정도였느냐 하면, 학교 다닐 때는 체육수업이 있는 날은 제발 비가 오기를 바랄 정도였다. 비가 오면 체육수업이 이론 수업으로 진행되기 때문이었다.

　그런데 어른이 되자 정규 수업 과정에 맞는 활동을 할 필요가 없어졌다. 내가 하지 못하는 뒤로 구르기나 신체 균형잡기를 할 필요는 없다. 대신 내가 원하는 운동을 내가 원하는 속도에 맞춰서 하면 된다. 당연히 지금은 마음 편히 운동할 수 있다.

나는 하루를 운동으로 시작한다. 일어나서 씻고 팔굽혀펴기와 스쿼트를 한다. 출근해서는 책을 읽거나 쓰고 그 외 날마다 반복적으로 해야 하는 일들을 처리한다. 점심시간에는 집에 가서 식사하고 다시 운동을 하는데 오후의 운동은 두 가지 의미가 있다.

첫째는 활력을 지속하여 저녁까지의 피곤함을 막기 위함이고, 둘째는 재미다. 운동을 하지 않을 때는 운동하는 시간을 아깝게 생각했었다.

그리고 이렇게 합리화했다. 운동하는 시간도 아껴서 내 할 일에 집중하겠다고 말이다. 하지만 집중할 수 있는 시간을 확보해도 체력이 뒷받침되지 않으면 의미가 없다.

더구나 사람의 몸은 해가 갈수록 약해진다. 운동하지 않으면 근육은 줄고 지방만 쌓인다. 그러면 신체를 유지하는데 필요한 에너지량이 점점 줄어든다. 이는 갈수록 더 적게 먹어야 한다는 뜻이다. 그런데도 이전과 같거나 더 많이 먹는다면 몸은 망가진다.

✳

이미 망가진 상태에서 복구하려면 더 많은 노력이 필요하다. 그래서 운동을 늦게 시작할수록 자기 관리는 더 어려워진다.

청소년기에 운동을 해야 하는 이유는 또 있다. 어릴 때 뼈대가 갖춰져야 커서도 좋은 모습을 유지할 수 있기 때문이다. 성인이 되어 뒤늦게 운동을 하면 성장할 수 있는 근골격은 한계가 있다. 사람들은 흔히 키에만 집착하는 경향이 있는데, 사실 근골격 자체가 튼튼하고 균형감 있게 자라야 멋진 몸이 만들어진다. 때를 놓치면 어른이 되어 아무리 노력해도 좋은 모습을 갖기가 어렵다.

좋은 몸은 좋은 식단과 운동으로 만들어진다. 이러한 몸을 갖기 위해 노력하는 것은 남에게 자랑하기 위해서가 아니다. 그보다는 자신을 돌본다는 가장 기본적인 이유 때문이다. 나의 경우는 자기 극복의 의미로 운동을 시작했다. 정신수양은 명상이나 호흡으로도 가능하지만 신체 단련을 통해서도 가능하기 때문이다. 무엇이든 자발적으로 하면 즐거움을 준다. 그것이 때로 고통스러울지라도 말이다. 고통스럽기 때문에 아무도 하지 않는 일을 내가 원해서 한다면 스스로에 대한 자부심도 느낄 수 있다.

고통과 압박에 대한 두려움은 누구나 있다. 다만 그것을 대하는 태도에 차이가 있을 뿐이다.

예를 들어 해병대에 지원하는 이들은 매년 있다. 이들은 자신을 한계까지 몰아붙이고 그것을 극복함으로써 자부심을 느낀다. 나는 주말에 등산을 하면 동네 고등학생들이 아침 일찍 등산하는 모습을 보곤 하는데 이러한 모습도 바람직한 일이라고 생각한다. 책상 앞에 하루 10시간 앉아 있다 해도 계속 집중하기란 어렵다. 그러니 차라리 2시간은 운동하고 나머지 8시간을 공부하는 편이 효율적이다.

운동이 삶을 어떻게 바꾸는지 알고 싶다면 『운동화 신은 뇌』를 읽어보라.

이 책의 내용은 몸이 활성화되면 뇌가 자극을 받고, 그러면 두뇌는 더욱 활성화된다는 내용을 담고 있다. 그뿐만 아니라 청소년기에는 정서적으로 안정되지 못하는 경우가 종종 있는데 이런 경우에도 운동은 도움이 된다.

우울증은 호르몬 문제다. 우울감을 만드는 호르몬에 맞서는 가장 좋은 비결은 사실 스스로를 바쁘게 만드는 데 있다. 복잡하지 않고 당장 자신을 바쁘게 만드는 방법 또한 운동이다. 운동하는 사람은 스스로를 나약하고 무기력하게 놔두지 않는다. 그들은 그걸 극복하는 방법을 알고 있으므로 자기 자신을 그런 상태로 방치할 이유가 없다.

어떠한 일이든 노력은 결과를 만들어낸다. 신체 활동 또한 그렇다. 날마다 아령 운동을 하는데 팔에 근육이 붙지 않을 리 없고, 날마다 달리기를 하는데 허리에 군살이 있을 리 없다.

몸은 정직하다. 자신이 먹은 것은 몸 안으로 들어가 몸 바깥의 형태를 만든다. 10대의 몸은 자동차로 치면 슈퍼카다. 여기에 폐유를 넣는 것은 이상하지 않을까? 수시로 인스턴트 음식을, 혹은 몸에 좋을 리 없는 학교 매점의 간식을 입에 넣으면 결과가 어떨지는 뻔하다. 신체 기능과 면역 체계는 버티지 못할 것이다.

반면 운동은 이러한 과정이 진행되는 것을 막아준다. 운동을 한다는 건 자기 몸을 소중히 생각한다는 의미이고, 그래서 입에 대면 안 되는 음식을 스스로 멀리하게 된다. 당장 좋으나 장기적으로 보면 멀리해야 하는 음식을 참는 것, 나는 그것도 정신의 단련이라 생각한다. 정신과 육체를 함께 단련할 수밖에 없게 만드는 게 운동이니, 이런 운동을 통해 자신의 수준을 더 끌어

올려 보기를 권한다.

앞서 언급한 학생이 공부를 중단하기보다 운동을 했더라면 어땠을까. 나는 그런 생각을 했다. 그랬다면 공부를 중단하는 대신 체력을 키우고 공부에도 집중할 수 있으니 더 나은 결과를 얻을 수 있지 않았을까. 그러나 쉬운 길을 택한 그 학생은 다른 방법을 찾지 않았으므로, 또 다른 인생의 위기가 찾아오면 같은 방식으로 포기하고 넘어갈 가능성이 크다. 정신이 단련되었다면 그런 위험에서 자신을 구할 수 있겠지만 말이다.


'나는 날마다 더 나아진다.' 이 말은 때때로 내가 나를 위해 거는 주문이다. 이 주문은 어디에나 통하는데, 운동할 때도 마찬가지다.

예를 들어 스쿼트를 하느라 다리가 후들거리고 더이상은 못할 것 같다는 생각이 들 때, 온 힘을 쥐어짜 한 번을 더 하게 만드는 것도 이 주문이다. 어떠한 방식이든 좋다. 꼭 나와 같은 주문일 필요도 없다. 다만 스스로를 단련하여 더 강한 존재가 되려면, 자신의 육체와 정신을 다룰 수 있어야 한다. 스스로도 통제할 수 없는 사람에게 다스려질 만큼 세상은 호락호락하지 않다.

그래서 공자도 자신을 먼저 다스려야 세상을 다스릴 수 있다고 하지 않았던가. 자기 뜻을 펼쳐 보이려면 그럴 만한 역량이 갖춰져 있어야 한다. 운동으로 자신을 한계까지 몰아붙여 보라. 새로이 돌파할 한계점이 나타날 것이고, 당신은 그 또한 극복할 수 있음을 확인할 것이다. 이것이 진정한 성장이다.

· 이번 주 할 일 ·

☐ 유튜브에서 마음에 드는 운동 채널 3개 이상 구독하기

☐ '번 핏'이나 '플랜 핏' 같은 운동 앱 설치하고 활용하기

☐ 날마다 어제 기록한 운동 횟수에서 1개씩 기록 늘리기

· Memo ·

# 혼자만의 시간

내가 학생들에게 종종 들려주는 말 중 하나는 외로움을 참고 견디는 시간이 길어야 성공할 수 있다는 것이다.

학교 시험 직전에 지역 도서관에 가면 학생들을 자주 볼 수 있다. 그런데 내가 더 많이 보는 것은 학생이 아니라 그 학생들의 가방이다. 이게 무슨 뜻일까? 평소 도서관에 오지 않다가 시험이 닥쳐서 친구와 함께 왔다는 의미다. 친구와 함께 왔으니 놀기도 함께 놀아야 한다.

그래서 점심시간은 오전 11시 반부터 오후 2시까지이며, 이 시간 동안 서로 어울려 노느라 공부는 뒷전이다. 그런 식으로 계속 어울려 놀다 보니 자리는 비워 둔다. 그래서 나는 그 학생들의 가방을 보게 되는 경우가 더 많다.

반면 도서관에 혼자 오는 학생도 있다. 그런 학생은 친구와 노느라 목표에서 벗어난 행동을 하지 않는다. 이러한 학생은 공부를 처음부터 끝까지 혼자 해낼 수 있다.

공부는 고도의 집중력을 요구한다. 그러니 남과 떠들면서 할 수 없다. 이는 자신이 알고 있는 것을 총동원하여 깊이 생각해야 하기 때문이다. 가벼운 태도로 공부하는 학생은 자기 시간을 낭비함은 물론이고, 얻는 것이 없어 집에 돌아갈 때면 후회하게 마련이다. 물론 남과 더불어 사는 법은 배워야 하고 그럴 수 있어야 한다.

그러나 그것이 남과 항상 함께 해야만 한다는 뜻은 아니다. 책은 남과 함께 읽는 것이 아니라 혼자 읽는 것이다. 영화도 혼자 심야에 가서 볼 때 가장 몰입되는 것처럼, 그리고 소문난 식당에 가서 혼자 음식을 음미하며 먹어봐야 그 진가를 알 수 있는 것처럼, 세상의 깊이는 혼자 있을 때 알 수 있게 되고 깨닫는 것도 생긴다.


러시아의 위대한 작가, 도스토예프스키Fyodor Mikhailovich Dostoevstii는 젊은 시절 혁명에 가담한 적이 있었다. 적극적으로 가담한 것은 아니었으나 농노의 해방을 위한다는 생각으로 활동은 하고 있었다. 그래서 당시 황제였던 니콜라이 1세의 표적이 되었고, 붙잡혀 사형에 처해졌다. 사형 집행 전 죄수에게 허락된 시간은 단 5분이었는데, 그는 이 시간을 자기 삶을 회상하며 반성하는 데 썼다. 나는 왜 그렇게 방탕한 삶을 살았던가, 왜 더 열심히 살지 않았던가 하고. 그가 마지막 의식을 끝내고 죽음을 각오한 순간, 황제의 전령이 달려왔다.

그리고 '너그러운 폐하의 은혜로, 사형수들이 시베리아 유배형으로 감형되었음'을 알린다. 그렇게 도스토예프스키는 살아남았다.

그리고 시베리아에서 4년을 보내는 동안 남은 시간을 일분일초도 낭비하지 않겠다는 태도로 살아간다. 그가 이 당시에 쓰거나 구상했던 작품들은 모두 불후의 명작이다. 『죄와 벌』, 『백치』, 『악령』, 『카라마조프 가의 형제들』은 불멸의 작품으로 남았다.

훗날 그는 누군가가 자신의 유배 생활을 동정하면 불같이 화를 냈다고 한다. 그 시절의 혹독한 경험이 자신을 얼마나 성장시켰는지 알고 있었기 때문이다. 사실 도스토예프스키는 심각한 도박중독자이기도 했는데, 그가 도박에 빠진 이유는 스스로를 위험한 상황에 몰아넣기 위해서였다는 이야기가 있다. 죽음의 문턱에 다다랐던 젊은 시절을 회상하며 그때의 긴박감과 절박함으로 글을 쓰기 위해서였다는 것이다.

나는 그가 도박에 빠진 진짜 이유를 알 수는 없다. 그러나 그것은 중요하지 않다. 중요한 것은 자신에게 충실한 삶을 살아가려는 우리의 의지다.

가령 전자기기 사용을 줄이자는 디지털 디톡스를 이야기하며 세상과 떨어져 자신에게 충실하고자 하는 사람은 생각보다 많다.

홀로 여행을 떠나는 사람도 마찬가지다. 하다못해 직장이나 학교에서 도망 나와 혼자 자유를 누리고 싶다는 생각이라도 해보는 게 사람의 마음이다.

심지어 어떤 이는 자유를 느끼려고 감옥에 간다. 강원도 홍천에는 '내 안의 감옥'이란 곳이 있다. 이곳은 진짜 죄수를 가두기 위한 곳이 아니다. 대신 세상과 엄격히 분리되는 경험을 해보고 싶은 이들을 위한 곳이다. '내 안의 감옥' 교도소장은 전직 검사였던 권용석 이사장인데, 그가 이런 곳을 차린 이유가 있다.

그는 제주지검 검사 시절 일주일에 100시간 가까이 일하면서 재충전의 기회가 절실했다고 한다. 푹 쉬고 싶었던 그의 눈에 들어온 곳이 감옥이었다. 그래서 교도소장에게 일주일간 수감생활을 해 보고 싶다는 요청을 하였으나 거절당했고, 이 일이 '내 안의 감옥'을 만든 계기가 되었다. 이곳에 자청해서 온 '죄수'들은 독방에 가둬지며, 휴대할 수 있는 건 세면도구와 필기구 외엔 없다. 여기서는 책도 반입되지 않는다. 1.5평의 작은 공간, 남자 보폭으로 다섯 걸음에 불과한 이곳에서 사람들은 무엇을 얻을 수 있을까. 이곳을 체험한 사람들은 스스로와 마주할 수 있다고 한다. 누구도 방해하지 않는 공간에서 7박 8일간 자신을 온전히 탐색하는 것이다.

생전의 김대중 대통령께서 민주화 운동으로 출소하신 지 얼마 지나지 않았을 때의 이야기다.

바빠서 책을 제대로 읽을 시간이 없으면 그분은 이렇게 한탄하셨다고 한다. 감옥에 있었으면 벌써 다 읽었을 책인데 며칠째 읽지를 못해 안타깝다고 말이다.

사람의 성장은 이처럼 홀로 있는 동안 사색과 성찰을 통해 이루어진다. 홀로 외로운 상황에 자신을 가둬 보라. 남과 함께 하지 않음으로써, 남의 눈치를 살피지  않고 남을 설득하느라 힘을 쓸 필요도 없는 순간을 경험해 보라. 주변의 소음에서 벗어나, 자신의 내면에서 들려오는 소리에 집중해보라. 남과 어울리기만 하느라 자신을 들여다보지 않는 이는 사색할 수 없고, 그래서 정신적 성장도 어렵다. 성장을 위해 자신만을 위한 시간과 공간 속에서 최대한 버텨보기 바란다. 남과 다른 경험으로 남과 다른 사람이 되어 있을 것이다.

· 이번 주 할 일 ·

☐ 하루 휴대폰 사용 시간 2시간 이하로 줄이기

☐ 컴퓨터 게임 대신 밖에 나가 산책하기

☐ 남에게 이야기하는 대신 글을 쓰기

· Memo ·

# 자기표현

한국에서 어떤 학생이 교환학생 제도를 이용하여 미국에 갔다. 낯선 곳에서 열심히 공부하면서 장학금을 탈 수 있게 되었는데, 그러자면 담당 교수의 추천서가 필요했다. 그런데 그 학생이 부족한 점이 없었는데도 담당 교수는 추천서를 써주지 않았다. 그 미국 교수와 친분이 있던 한국 교수가 그에게 물었다. 왜 추천서를 써주지 않았느냐고. 그러자 그 미국 교수가 이렇게 답했다고 한다.

"그 학생은 나와 눈을 똑바로 마주치고 말하지를 못했다. 뭔가 의심스럽고 숨기고자 하는 것이 있는 것 같아 추천서를 써주지 않았다."

그 미국 교수는 상대방의 눈을 똑바로 바라보고 말할 수 있어야 한다고 생각했던 모양이다.

자기 계발 전문가인 브라이언 트레이시[Brian Tracy] 또한 상대의 눈을 들여다보고 이야기하라고 말한다.

그의 책에는 재미있는 표현이 등장하는데, 상대의 말을 들을 때는 자신이 광선을 발생시키는 기계라고 생각하고 상대의 얼굴을 비춰주듯 바라보아야 한다는 것이었다. 어쩌면 '눈은 마음의 창'이라는 격언은 동양인보다 서양인에게 익숙한 것인지도 모르겠다.

반면 동양에서는 윗사람의 눈을 쳐다보는 행동 자체를 무례하다고 여긴다. 그렇다 보니 상대에게 화가 나서 쏘아붙이거나 억울한 일이 있어 감정적으로 반응할 때를 제외하면 시선은 상대의 눈보다 낮은 곳에 위치한다. 더 심한 경우에는 아예 고개를 푹 숙이고 말하는 모습을 보이기도 한다.


그런데 말하는 사람의 정보는 그 사람이 사용하는 말로만 표현되는 것이 아니다. 몸짓, 표정, 태도, 목소리의 크기, 분위기는 그 사람을 총체적으로 보여주는 정보다. 이런 것을 고려하여 최대한 자신이 누구인지를 잘 보여주어야 하는 곳이 있는데, 그곳이 바로 면접장이다. 아무리 면접 예상 질문과 그 답변을 달달 외워간다 한들, 그것을 차분히 풀어낼 수 없으면 어색하다는 느낌만 준다.

내가 전에 어떤 직장에 취직하고자 면접 장소에 갔을 때였다. 난생 처음 보는 면접인데다 면접 준비라는 걸 배워본 적도 없던 때였다. 그러니 얼마나 당황했겠는가. 연습은 정말로 열심히 했고, 미리 준비한 예상 질문이 모조리 똑같이 나오기까지 했다. 질문에 대한 답변은 기계적으로 무수히 연습했으니 대답을 못 한 것도 아니었다. 다만 녹음기가 미리 녹음된 내용을 들려주듯, 기계적인 태도로 그대로 이야기하고 있었다는 점이 문제였다. 내가 면접장에서 말하는 내용을 들으면서도 어색함이 느껴질 정도였다. 결국 나는 그 시험에서 최종 면접까지 갔으면서도 떨어졌다.


내 면접 능력이 향상된 건 몇 번의 면접에서 더 떨어지고 나서였다. 내가 간절히 원하고 있음을 티를 내면 낼수록 상대는 나를 안정적이지 못하고 참을성이 없는 사람으로 생각한다는 사실을 이해한 뒤였다. 물론 그걸 알았다고 태도가 바로 바뀐 것은 아니다. 나 역시 수차례 실패하고 나서야 이해했던 것이고, 마음을 편히 가질 수 있게 된 것은 한참 후의 일이다. 나는 면접을 어떻게 보아야 하는지 배울 기회가 전혀 없었기 때문에 시행착오가 많았다. 인생의 중요한 기회를 많이 잃었던 건 그 때문이다.

그래서 면접을 지도하는 지금은 학생들에게 자신이 무엇에 관심이 있고, 그 분야에서 실력을 갖추기 위해 어떤 노력을 해왔는지, 그것을 추구하는 방식은 무엇인지를 설명할 수 있도록 돕는데 초점을 둔다. 그런데 처음부터 자기 자신을 잘 아는 학생은 거의 없다. 표현을 잘하는 학생도 드물다. 왜냐하면 우리는 자라면서 자기 표현보다 겸손이 중요하다고 배웠기 때문이다. 하지만 자신을 드러내는 것은 잘못이 아니다. 그래서 적절한 방식으로 표현하는 방법을 배워야 한다.

『돈을 부르는 말버릇』이라는 책을 보면 상대가 칭찬했을 때 이렇게 반응하라고 이야기한다. 첫째, "감사합니다. 솔직한 분이시군요~", 둘째, "감사합니다. 그런 이야기 자주 들어요!"

확실히 이런 표현을 쓰면 상대방도 같이 웃게 될 것이다. 이런 식의 반응은 "과찬이세요", "에이, 제가 뭘요"와 같은 표현보다 훨씬 나은 느낌을 준다. 칭찬해 준 사람의 말을 감사하게 받아들이는 것은 자신을 긍정한다는 의미다. 자신을 표현하는 일에 대한 두려움이나 거부감이 있을 수도 있다. 그렇다면 상대의 칭찬에 재치 있게 반응하는 연습부터 해 보자. 그러면 양쪽 모두 행복해질 테니까 말이다. 겸손과 자신을 표현할 줄 모르는 건 별개의 문제다. 적절히 자신을 표현할 줄 모르면 겸손한 사람이 아니라, 때때로 속을 알 수 없는 사람, 무례한 사람으로 오해받기도 한다. 앞서 밀한 장학금을 놓친 학생처럼 말이다.

적절한 자기표현은 자신감을 근거로 한다. 못난 사람은 없다. 계속 나아지려는 사람만이 있을 뿐이다. 노력하는 한 우리는 더 괜찮은 사람이 될 수 있다. 그러니 웃으면서 말하라. "나는 이런 것을 잘합니다."라든가, "나는 이런 것을 잘하고 싶어요."라고 말이다.

⊠

· 이번 주 할 일 ·

☐ 워크넷(https://www.work.go.kr)에서 무료로 심리 검사 받아보기

☐ 유머를 섞어 자신을 표현하는 방법 찾아보기

☐ 시간 날 때마다 '나는 날마다 나아지고 있다'고 말하기

⊠

· Memo ·

(25Day)

# 정직

대화의 원리 중 '질의 격률'이라는 게 있다. 이 말은 '거짓말 하지 말라'는 의미다.

상대가 거짓말을 밥 먹듯이 하는 사람이라고 생각해 보자. 그러면 듣는 이는 상대의 이번 말이 거짓인지 아닌지를 매번 판단해야 한다. 그러면 불필요하게 시간과 에너지를 소모하게 되고 대화는 피곤해진다.

거짓말을 늘어놓는 사람과 함께 시간을 보내고 싶은 사람이 얼마나 되겠는가? 그러므로 거짓을 이야기하지 않으려 노력해야 하고, 그런 사람을 안다면 곁에 머물지 않는 편이 좋다.

가르치다 보면 습관이 아닌가 싶을 만큼 거짓말을 자주 하는 학생들을 만날 때가 있다. 몇 가지 질문을 하면 금세 대답이 꼬

인다. 앞에서 했던 말과 뒤에서 하는 말이 전혀 연결되지 않는다. 이런 사람은 남의 호감을 얻지 못한다. 스스로의 인격을 소중히 여기는 사람이라면 습관적으로 하는 거짓말은 병적 증세임을 알고 고치려 노력해야 한다. 적어도 상대의 부당한 폭력이나 압박 때문에 하는 거짓말이 아니라면 그래야 한다. 이런 일은 학생만이 아니라 어른에게서도 나타난다.

자동차 교통 사고, 폭행 시비 등의 문제는 그중에서도 심각한 수준의 사례일 것이다.

자동차 사고가 났을 때 한쪽이 수긍하고 잘못을 시인하면 문제는 발생하지 않는다. 그런데 그런 경우는 드물다. 양쪽 다 자신은 잘못이 없고 상대방이 잘못했다고 한다. 심지어 자신이 한 거짓말에 스스로 설득된다.

그러니까 처음에는 거짓인 줄 알았더라도 나중에는 기억 자체를 왜곡하고 믿어버린다. 기억 조작이다. 그런 사람들에게 피해를 입은 사람은 얼마나 억울하겠는가? 아마 밤에 잠도 못 잘 것이다. 그래서 인터넷 커뮤니티, 혹은 청와대 청원 게시판에 글을 올리곤 한다. 이런 글을 접하는 인터넷 이용자들은 예전 같은 마녀사냥은 하지 않으려 조심하는 분위기다. 그러나 일단 잘 잘못이 가려졌다고 생각되면 공격은 예전보다 더 거세고 집요해졌다.

자동차 교통사고의 경우는 그래도 낫다. CCTV가 없는 곳에서의 시비는 어떻게 다뤄야 할까? 목격자도 없다면? 학교에서 사고가 발생할 경우 CCTV는 거의 도움이 되지 않는다. 사각지대도 많고 화질도 낮아 증거로 쓰이기 어려운 경우가 많기 때문이다. 각종 도난 사고, 폭력 사건에 도움이 되는 경우는 거의 없다.

더구나 언어폭력의 문제는 더 그렇다. 대화가 녹음되지 않기 때문이다. 물론 현행법상 음성 녹음은 불법이다. 다만, 이런 경우 양쪽의 말이 다르면 문제 해결은 어려울 것이다.

경찰은 시민의 안전을 위해 노력해야 하는 존재이지만, 만취한 사람이 있다고 신고를 받아도 상대가 여성이면 신체 접촉은 절대 피하는 걸 원칙으로 삼는다. 굳이 해야 한다면 바디캠<sup>Body Cam</sup>을 켜고 손에는 장갑을 끼고 만취자를 깨운다. 아니면  여자 경관이 현장에 도착할 때까지 기다린다. 신뢰 없는 사회는 계속해서 비용을 증가시키고 서로를 지치게 만든다.

✳

반면 정직과 신뢰가 작동하는 사회는 어떠한 모습인가 살펴보자.

미국 택배 회사인 페덱스<sup>Fedex</sup>는 몇 년 전 '하룻밤 만에 확실히, 분명히 배달됩니다.'라는 광고를 한 적이 있다. 그런데 콜로라도 지역에 폭풍이 몰아쳐 덴버와 서쪽 스키장을 잇는 산길이 폐쇄되었다. 일반적인 방법으론 페덱스의 약속을 지킬 수 없었다. 그래서 배달원은 곧장 회사 헬기를 타고 산을 넘어 소포를 배달하였다.

이 비용으로 회사는 수천 달러를 썼다. 택배 하나를 배달하기 위한 비용으로는 분명 손해였다. 그러나 기대를 뛰어넘은 서비스로 고객을 감동시켰고, 그 결과 수백만 달러의 광고 효과를 볼 수 있었다. 미국인들은 페덱스가 어떤 조건에서도 자기 물건을 정확한 시간에 배달해 줄 것이라 믿게 된 것이다. 또 다른 사례를 살펴보자. 미국 대형 제약회사인 존슨앤드존슨<sup>Johnson & Johnson</sup>은 1982년, 자사에서 생산한 타이레놀 때문에 위기를 맞았다. 여러 차례의 불행이 이 회사를 덮쳤기 때문이다. 최초의 사건은 1982년 9월, 미국 시카고의 한 마을에서 12세 소녀가 감기약을 복용하고 갑작스레 숨진 일이었다.

이후 며칠 사이에 시카고 일대에서 7명이 갑작스레 사망했다. 조사 결과 이들은 모두 숨지기 전 타이레놀 캡슐을 복용했으며 이 캡슐에 치명적 독극물이 주입된 사실이 밝혀졌다. 사건 발생 일주일 만에 존슨앤드존슨의 시장 점유율은 35%에서 7%로 급락하였고 충격과 불안이 미국 사회 전체로 번져나갔다.

그런데 피해자들이 복용한 타이레놀은 서로 다른 공장에서 제조되었기 때문에 생산 단계에서 독극물이 주입되었다고 보기는 어려웠다. 범인이 누구든 고의로 모든 공장에 들어가 독극물을 주입하는 일은 현실적으로 어려웠기 때문이다.

그러나 존슨앤드존슨은 해명을 하는 대신 선제적인 조치를 취했다. 제품 광고를 중단하고, 지역 경찰과 함께 시민들에게 '타이레놀을 복용하지 말라'고 널리 알렸다. 언론을 통해 진행 경과를 솔직하게 보고했으며, 범인 검거를 위해 10만 달러의 현상금까지 내걸었다. 미국식품의약국[FDA]조차 "시카고에서 유통되는 타이레놀에 누군가 독극물질을 주입한 것이 분명하니 제품 회수는 시카고의 제품만 해도 된다."고 권고했지만, 존슨앤드존슨은 전국에서 타이레놀 3,100만 통을 즉각 수거하는 쪽을 택했다. 이미 판매된 제품은 정제형 알약으로 교환해주고 50만 통이 넘는 관련 전보를 병원, 약국, 유통업체에 보냈다. 이 과정에서 75개의 독극물이 포함된 타이레놀이 수거되었다.

이러한 조치를 취한 결과 존슨앤드존슨의 시장 점유율은 다시 이전 수준을 완벽하게 회복했다. 그들의 시장점유율이 다시 35%까지 오른 것이다. 기업의 정직성을 이야기할 때 존슨앤드존슨의 이 사건은 거의 예외 없이 인용된다.

정직과 신뢰가 작동하는 사회는 우리를 안전하고 행복하게 만든다. 그런데 신뢰할 수 있는 사회란 제도만 있다고 저절로 만들어지는 게 아니다. 그 제도를 운영하는 사람도 중요하다. 그러니 개개인이 서로 신뢰를 지키기 위해 노력해야 한다.

결국 신뢰를 지키기 위해 노력하는 사람은 그 자체로 사회가 잘 돌아갈 수 있도록 자기가 속한 공동체에 기여하는 셈이다. 그래서 신뢰는 단순한 개인의 가치가 아니라 사회 자본이라고 할 수 있다. 당신이 자신의 정직을 지키려 애쓴다면 당신만이 아니라 당신이 속한 공동체 구성원은 모두가 혜택을 받을 수 있다.

· 이번 주 할 일 ·

☐ 쉽게 약속하지 않고, 일단 약속한 것은 지키기

☐ 오늘 해야 할 일 목록을 만들고 70% 이상 완수하기

☐ 손해를 보더라도 정직하게 행동하겠다고 다짐하기

· Memo ·

# 현존

현존現存은 지금 여기에 존재한다는 의미이다. 사람은 현실에 발을 딛고 사는 존재이므로 내가 처한 위치에서 내가 할 수 있는 것으로 앞으로 나아가려 애써야 한다. 이 사실을 잊어버리면 현실 도피를 하게 되고 망상의 늪에 빠진다.

내가 전에 만난 학생 중 한 명이 프로게이머가 되겠다고 이야기를 했었다. 나는 어떤 직업을 갖든 네가 먼저 배워야 할 것은 직업 교육이 아니라 규칙을 지키는 것이라고 알려주었다.

프로게이머란 상당한 시간의 연습량이 필요하며 그에 따라 체력도 좋아야 한다. 상위 1% 안에 들지 못하면 돈을 번다는 건 불가능에 가깝고, 그 1% 안에 들더라고 수명이 짧아 금세 은퇴해야 하는 직업이기도 하다. 그런 악조건에도 불구하고 그 직업을 갖고자 노력한다면 일단 성실함과 일관된 노력이 필요하다. 그러나 그 학생은 안타깝게도 그러한 것은 갖추지 못한 상태였다.

우리는 다이어트를 할 때 열심히 구글을 검색하고 네이버 블로그를 찾아다니며 유튜브 동영상을 찾아본다.

그리고 언젠가 저 사람들처럼 되겠다고 결심한다. 그것이 나쁘다는 게 아니다. 오히려 스스로 롤모델을 찾아내고 그들처럼 되겠다는 의지로 노력하는 자세는 훌륭하다.

다만 인터넷으로 수많은 정보를 수집하지만 정작 다이어트는 내일부터 하겠다는 자세는 경계해야 한다. 그런 사람들은 늘 내일을 산다. 결코 오늘을 사는 법이 없다. 오늘 하는 팔굽혀펴기 동작 하나, 싯업 동작 하나, 스쿼트 동작 하나가 더 의미가 있을 텐데, 내일은 틀림없이 그 운동들을 종류별로 50개, 100개씩 할 거라고 결심만 한다. 그런 날들이 이어진다면 문제는 해결되지 않는다. 그래서인지 스페인에는 이런 속담이 있다. '내일은 대개 주중에서 가장 바쁜 날이다.'

공부는 어떨까. 많은 고등학생이 의외로 공부하는 시간이 적다. 그들은 앉아 있는 시간이 길뿐, 스스로 생각해서 공부하는 시간은 극도로 제한된다.

내가 만나본 고등학생들은 대개 자습 시간이 주어지면 가장 먼저 수학 문제를 풀었고, 그 시간 중 집중할 수 있는 시간은 1시간 남짓이었으며, 나머지 시간은 벽을 쳐다보거나 친구와 잡담을 하느라 시간을 쓰곤 했다. 왜 이런 일이 벌어질까? 그 학생들에게는 '내일'이 있기 때문이다.

그들은 돌아갈 때 가방을 챙기면서 생각한다. 내일은 더 열심히 공부해야겠다고 말이다. 삶의 목적을 분명히 하는 사람은 매 순간이 귀하다. 그래서 지금 당장의 시간 동안 할 수 있는 일에 집중한다. 그러니 자연스레 현재를 산다. 이는 남은 시간, 즉 미래를 생각하며 현재를 낭비하지 않는다는 뜻이다. 이러한 현재가 쌓이면 빛나는 미래는 저절로 오는 것임에도, 사람들은 망상의 세계에 빠진다.

학생들은 '나는 커서 얼마를 버는 직업을 가질 거야'라고 말한다. 그런데 그 말에는 구체성이 없다. 남보다 더 많은 돈을 버는 직업을 갖고 싶은 거라면 그 조건을 만족시킬 수 있는 아주 사소한 노력이라도 시작해야 할 텐데, 그런 노력은 전혀 하지 않는다. 그런 학생이 자습 시간이 주어져도 제대로 활용할 줄 모르는 학생들이다.

다른 얘기지만 이 학생들이 무언가를 공부하다가 막히는 이유는 간단하다. 이해 능력이 부족하기 때문이다. 교과서를 보면 단어의 의미를 온전히 이해하지 못하는 학생이 허다하다. 이런 학생이 가장 먼저 해야 하는 일은 문해력을 높이기 위해 책을 읽는 것이다.

그러나 그 가장 기본적이고 중요한 일은 '기분이 내키고 시간이 날 때' 하면 된다고 생각한다. 무엇이든 똑같다. 운동이든 공부든 기초를 반복함으로써 실력을 키우는 것이 중요하다. 기초는 시시하니까 하지 않겠다고 하면서 막상 아무것도 하지 않는 사람들이 세상에 너무 많다. 나는 당신이 그 대열에 끼지 않길 바란다.

현존, 즉 현재에 머무는 가장 좋은 방법은 자신이 원하는 일을 찾아 그 시간에 온전히 자신을 쏟는 것이라고 했다.

자신이 가진 재능이 변변치 않아서 걱정하기보다는 그 재능을 어떻게 하면 발전시킬지를 생각하면서 당장 무엇이든 하는 사람이 결과를 낸다. 이는 머리로 고민하고 있더라도 손은 부지런히 놀려야 한다는 뜻이다. 이 점을 잊지 않는다면 망상의 내일이 아니라 노력하는 오늘을 살게 되고, 어디에도 떠돌지 않고 현재에 충실한 스스로를 발견할 수 있을 것이다.

⊠

## · 이번 주 할 일 ·

☐ 다른 생각이 들 때마다 호흡하며 숫자 세기

☐ 운동이나 그 밖의 신체 활동에 집중하기

☐ 공부할 때 음악 듣지 않기

⊠

## · Memo ·

# 깨어 있음

생각과 감각 중 어느 쪽이 중요할까? 많은 사람들은 생각을 중요하게 생각한다. 그러나 '여기에 내가 있다'는 생각은 감각으로 나를 현실에 붙들어둘 때 가능한 것이다.

특히 오늘날 사람들은 감각을 활성화하는 능력이 서투른 경우가 많으므로 이를 의식적으로 깨우려는 노력이 필요하다.

먼저 시각부터 깨워보자. 당신의 주변을 둘러보라. 당신을 둘러싼 세계는 몇 가지 색깔로 이뤄져 있는가? 생각보다 많은 색깔이 있음을 확인할 수 있다. 나는 지금 사무실에서 혼자 글을 쓰는데, 책상, 유선 전화기, 휴대전화기, 이어폰, 종이 등 각각의 사물마다 서로 같은 색은 하나도 없다. 우리는 색깔이 너무 적어서 볼 수 없는 게 아니라 의식하지 않아서 보지 못한다.

주의를 집중하고 감각을 일깨워보자. 지금 하고 있는 일은 무엇인가?

나는 자판을 두드리며 이 글을 쓴다. 손가락 끝에 닿는 힘을 의식하며 일부러 천천히 써본다. 자판에 닿는 손가락의 감각은 모두 다르다. 자판마다 누르는 힘이 다르고 그에 따라 반발하는 키의 느낌도 다르기 때문이다. 왼손 약지로 누르는 자판에는 힘이 덜 들어간다. 반면 스페이스 바 키를 누르는 왼손 엄지손가락은 힘이 많이 들어가고 키도 더 강하게 반발하는 느낌을 준다.

내가 글을 쓰며 마시는 음료는 빨간 머그컵에 담겨 있다. 밝은 느낌은 아니고 약간 어두운 느낌의 색깔이다. 시각적 자극을 주는 이 컵의 색깔은 내가 주의 깊게 감각을 동원하여 보지 않으면 알 수가 없다. 같은 컵으로 수백 수천 번 음료를 담아 마신다고 해도 그럴 것이다. 감각을 깨워 주변을 보지 않으면 자신을 둘러싼 작은 공간은 시시하고, 평소 쓰던 물건조차 흔하고 그저 그런 물건이 된다. 반면 자신의 감각에 집중하면 자신은 우주 속에 있음을 알 수 있을 것이다.

이러한 감각 깨우기 훈련을 해야 하는 이유는, 그래야 우리가 잡다한 생각에서 벗어날 수 있기 때문이다. 감각보다 생각이 커지면 우리는 잡념의 노예가 된다.

우리는 동시에 두 가지 일에 몰입할 수 없다. 그래서 감각에 집중하면 잡념, 망상에 빠지는 일을 멈출 수 있다. 이것은 스님들이 수행하는 방법이기도 하다.

그러나 매번 이렇게 하기가 어렵거나 지루하다면 도구를 활용하는 방법도 있다. 내 경우에는 그림책을 이용한다. 그림책은 사람들의 편견과는 달리 어른도 즐겨 읽을 수 있는 책이다. 어릴 때 한 번 보고 넘기기에는 아까운 그림책이 많다.

이런 책을 보는 방법은 크게 두 단계로 나뉜다. 첫째, 그림만 보며 내용 추측하기 둘째, 그림과 함께 글자를 보며 내용 확인하기. 특히 첫째 단계가 중요하다. 우리는 글자를 알기 때문에 그림책을 보더라도 글자로 이야기만 보고 넘어간다. 그래서는 그림책의 묘미를 느낄수도 없고 그림책으로 감각 훈련을 할 수도 없다. 그림책 작가가 하고 싶은 말은 무엇인지, 그것을 어떻게 표현하였는지를 세심하게 살피는 연습을 해야 한다. 초점을 여기에 맞추면 그림 한 장 한 장에 집중할 수 있다.

다시 말해, 우리가 보아야 하는 것은 그림책의 그림이고, 글자는 나중이라는 뜻이다. 나는 이런 식으로 마음이 어지러우면 쉽게 몰입하곤 한다. 그림책이 많기 때문에 원하는 책은 얼마든지 찾아볼 수 있다.

이러한 방식은 내가 앉아 있는 시간이 많기 때문에 요가나 명상을 하기 어려워 만들어낸 방법이다. 그러나 그림책을 구하기 어렵거나, 신체를 자극함으로써 집중력을 기르고 싶다면 당연히 그것도 좋다.

요가나 스트레칭의 좋은 점은 몸의 어디에 자극이 오는지를 잘 느끼고 풀어주어야 하기 때문에 몸의 감각을 익히는 데 도움이 된다는 점이다.

사람마다 잘 맞는 방법이 있다. 여러 방법을 써보고, 자신에게 가장 잘 맞는 방법을 찾아보자. 중요한 건 감각을 깨워 주변을 분명하게 보는 것이며, 그럴 수 있을 때 세상을 더 깊이 이해하고 관찰할 수 있다.

## · 이번주 할일 ·

☐ 그림책 1권 이상 읽기

☐ 휴대폰 사용하지 않고 그대로 잠들기

☐ 하루 한 번 100까지 천천히 세기

## · Memo ·

## 28Day

# 용기

삶을 살아가는 용기에 관해서라면 칭기즈 칸이 했던 말을 생각해 볼 만하다. 그는 이런 말을 남겼다.

집안이 나쁘다고 탓하지 말라.
나는 아홉 살 때 아버지를 잃고
마을에서 쫓겨났다.

가난하다고 말하지 말라.
나는 들쥐를 잡아먹으며 연명했다.
목숨을 건 전쟁이 내 직업이었고 내 일이었다.

작은 나라에서 태어났다고 말하지 말라.

나는 그림자 말고는 친구가 없고 병사는 10만.

백성은 어린애, 노인까지 합쳐서 200만도 되지 않았다.


배운 게 없다고, 힘이 없다고 탓하지 말라.

나는 내 이름도 쓸 줄 몰랐으나

남의 말에 귀 기울이면서 현명해지는 법을 배웠다.


너무 막막하다고, 그래서 포기해야겠다고 말하지 말라.

나는 목에 칼을 쓰고도 탈출했고,

뺨에 화살을 맞고 죽었다 살아나기도 했다.


적은 밖에 있는 것이 아니라

바로 내 안에 있었다.


나는 내게 거추장스러운 것은

깡그리 쓸어버렸다.


나는 나를 극복하는 순간

칭기즈 칸이 되어 있었다.

말과 행동이 일치하는 이는 훌륭하다. 칭기즈 칸도 그렇다.

그는 자신이 말한 대로 가난했고, 비천했으며, 형제처럼 여겼던 이에게 배신을 당해 서로 칼을 겨누는 상황을 겪었다.

그럼에도 그는 자신의 노력으로 흩어진 여러 부족을 모으고, 나라를 세우고, 중국은 물론 이슬람과 유럽까지 숨죽이게 만들 수 있었던 이유는 무엇인가?

바로 불굴의 용기다. 용기는 단순한 마음가짐이 아니며, 사람이 어떤 일을 시도했을 때 성공으로 이끄는 으뜸가는 요소다.

앞서도 이야기한 『돈을 부르는 말버릇』이라는 책에는 이에 관한 좋은 이야기가 있다. 사람이 일을 하는 데 필요한 것은 지혜, 돈, 용기인데, 이 중 지혜와 돈은 남에게 빌릴 수 있으나 용기만은 그럴 수 없다는 것이다. 이는 용기만큼은 스스로 내어야 한다는 의미다. 정말 그렇다. 배움이 짧으면 남에게 배울 수 있고, 돈이 부족하면 남에게 빌릴 수 있다. 그러나 어떤 일을 하는 용기까지 남의 도움을 받을 수는 없다. 용기를 낸다는 말은 결단을 내릴 수 있다는 뜻이고, 시도를 했으니 좋든 나쁘든 결과를 낼 수 있다는 뜻이다.

그리고 좋으면 그대로, 나쁘면 다른 방식으로 다시 도전할 수 있다. 계산만 많은 사람은 결과를 내기 어렵다. 계산을 하느라 시간을 다 쓰지만 실제 계산대로 꼭 되라는 법도 없다. 이것이 시도가 중요한 이유다. 그러니 시도하라. 그리고 잘 되게 하라. 그것이 머리로만 잘되는 상황을 공상하는 것보다 더 나은 일이다.


용기를 낸다는 건 자전거를 타는 일과 같다. 자전거는 일단 페달을 밟아야 하고, 쓰러지지 않기 위해 어떻게든 발을 구르지 않으면 안 된다. 이것이 자전거를 타는 방법이다.

그런데 자전거에 오르자마자 쓰러질 것 같다며 페달을 밟지 않는다면, 그래서 서둘러 지면에 발을 디디면 정말로 쓰러져 버린다. 자전거에 탄 당신 역시 제자리다. 용기를 내어 첫발을 힘차게 구를 때 자전거는 나아갈 수 있다.

삶도 그렇다. 당신이 하고 싶어 하는 일은 분명 있다. 그 일을 하기 위해 필요한 것은 주어진 상황에 '노'라는 꼬리를 붙여, 이건 이래서, 저건 저래서 안 된다고 이야기하는 것이 아니다.

칭기즈 칸이 했던 말을 기억하라. 삶에 변명하지 마라. 역경은 누구에게나 찾아오고 고난은 우리의 친구다. 그들은 늘 우리를 따라다닌다. 그러니 그것이 문제라고 말하지 마라. 어떻게 하면 원하는 것을 손에 넣을 수 있는가를 생각하고 담대하게 그 일을 시작하는 용기를 보이라. 지금의 결정을 자랑스러워하게 될 것이다.

## · 이번 주 할 일 ·

☐ 하지 않아 후회했던 일 떠올리기

☐ 원하는 일을 할 수 있는 가능성을 1%라도 올려줄 방법 찾기

☐ 안 되는 이유보다 되는 이유를 더 많이 생각하고 빠르게 적기

## · Memo ·

희망은 밝고 환한 양초 불빛처럼
우리 인생의 행로를 장식하고 용기를 준다.
밤의 어둠이 짙을수록 그 빛은 더욱 밝다.
- 올리버 골드스미스 -

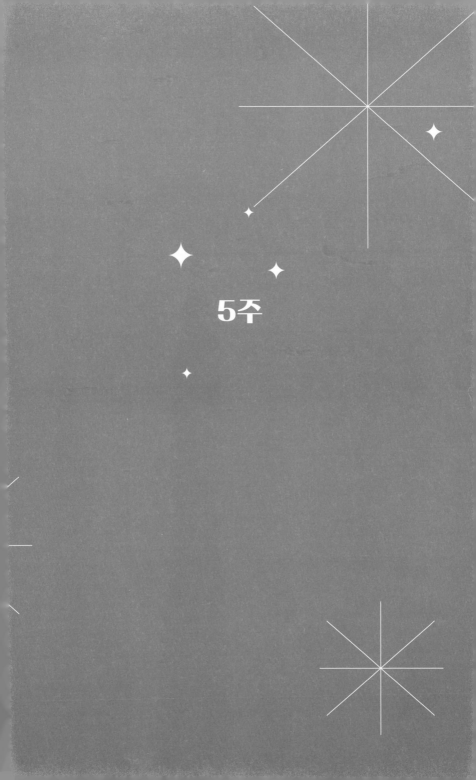

5주

# 존중

예전에 학생을 가르칠 때의 일이다. 쉬는 시간에 여학생 두 명이 거울을 보고 있었다. 그리고 그 중 한 명이 가까이 있던 나에게 이렇게 말했다.

"저희 못 생겼죠?"

나는 속으로 깜짝 놀랐다. 그때 내가 가르치던 반에는 예쁜 여학생들이 정말 많았고, 다른 반 남학생들이 계속해서 찾아오곤 했었기 때문이다. 그 둘도 예쁜 축에 속했다.

내가 그렇지 않다고 하자 같이 거울을 보던 다른 한 명이 '역시 선생님밖에 없어요'라고 했다. 유감스럽지만 내 진심은 전달되지 않았던 것 같다. 벌써 4년 전 일이다. 외모에 대한 자신감,

자기 존중과 긍정이 얼마나 부족한가 싶어 안타까운 마음에 아직까지 잊혀 지지 않는다. 물론 그 여학생들은 자신들이 그런 말을 했었다는 사실조차 잊어버렸을 것이다. 하지만 그때 내 생각을 제대로 설명해주지 못했던 일이 마음에 남아서 나는 책을 통해서나마 그에 관한 이야기를 꺼내는 것이다.

존중에 대한 나의 생각은 이렇다. 스스로를 존중할 수 없는 사람은 남에게도 존중받지 못한다.

또한 그런 사람은 남도 존중할 줄 모른다. 나는 학생들을 가르치면서 학생들의 마음 표현을 관찰할 기회가 여러 번 있었다. 존중받지 못한 아이들은 언제나 날이 서 있다. 가장 날카롭고 예민하게 반응하거나 반대로 무기력하게만 지내는 학생은 존중의 덕목이 무엇인지 삶 속에서 배우지 못한 경우가 많다.

존중이란 하나의 태도이고 자세이며, 이러한 모습은 하루아침의 노력으로 갖춰지지 않는다. 그러니 존중에 대해 생각해 보지 않았다면 지금부터라도 내면화할 수 있도록 노력해야 한다.

친구들을 놀리기 좋아하는 아이일수록 자존감이 낮은 경우를 본다. 그 증거로 친구 놀리기 좋아하는 아이들에게 똑같은 말을 들려주면, 다시 말해 미러링(평소 상대가 하는 말이나 행동을 그대로 돌려주는 것)을 하면 그 아이들은 화를 낸다. 별 신경도 안 쓴다면 웃어넘기지 심각하게 반응하여 화를 내거나 하지는 않는다. 그러면 남을 놀리는 일은 왜 하는 걸까? 그 자신의 약함을 감추기 위해서다. 남과 함께 웃을 수 있고 때때로 자기 자신조차 유머의 대상으로 삼을 수 있는 사람은 쉽게 화내지 않는다.

또한 남을 놀리지 않더라도 자기 생각이나 사고방식에 맞지 않으면 쉽게 상대를 비난하는 경우도 있다. 이런 경우는 자신이 틀릴 리 없다는 자만에서 비롯된다. 남을 관찰하고 그의 생각에 귀 기울이는 일을 제대로 하지 않으면 불편한 상황을 맞기도 한다.

그런데 그러한 일을 막아주는 덕목이 존중이다. 존중은 상대의 능력에 따라 달라지는 것이 아니라 그 사람이 스스로를 대하는 태도에 따라 달라져야 한다고 나는 생각한다. 결국 얼마만큼 존중받을지는 자기 스스로 정하는 것이다.

에머슨은 '모든 사람은 훌륭한 점이 있다. 그러므로 나는 모든 사람에게 배울 수 있다'고 말했다. 당신 역시 이 말을 믿는다면 어쩌면 존중하고 싶지 않은 사람도 존중할 수 있게 될지 모른다.

사마천의 『사기』에는 맹상군孟嘗君에 관한 이야기가 나온다.

맹상군은 사람 사귀기를 좋아하여 그의 집에 머무는 손님이 수천 명에 이르렀다.

그런데 그들 중에는 학식이나 무예가 뛰어난 이도 많았지만, 도둑을 비롯해 뭔가 보잘것없는 재주를 지닌 이도 있었다. 맹상군의 손님들은 그 점을 못마땅하게 생각했다. 자신들이 하찮은 재주를 지닌 사람보다는 나은 대접을 받아야 한다고 생각했기 때문이다. 그런데 세상일은 모르는 법이다. 맹상군은 본래 제나라 사람이었으나 그 재주가 뛰어나 진나라에서 모셔다가 재상으로 삼고 싶어 했다.

문제는 진나라의 소양왕昭襄王이 의심 많은 사람이었다는 점이다. 그는 맹상군이 제나라 출신이라는 점에서 마음이 놓이지 않았다. 그래서 처음에는 그 자신이 불러놓고도 나중에는 마음이 변해 맹상군을 죽이려 든다. 다행히 이를 미리 눈치챈 맹상군은 자기와 함께 하던 이들과 진나라에서 도망친다. 문제는 소양왕의 눈을 피해 도망치는 일이 쉽지 않다는 데 있었다. 진나라를 빠져나가려면 국경의 성문을 통과해야 하는데, 이 성문은 새벽에 닭이 울지 않으면 열리지 않았다. 뒤에서 진나라 병사들이 추격해 오는 상황이어서 맹상군 일행은 초조해하지 않을 수 없었다. 그런데 자신이 손님으로 모시고 있던 이들 중에 닭 울음소리를 잘 내는 이가 소리를 내자 주변 닭들이 새벽이 온 줄 알고 따라 울기 시작했다. 맹상군 일행은 무사히 진나라를 벗어날 수 있었다. 이후에는 맹상군의 손님들이 다른 사람을 비웃는 일은 없게 되었다.

존중은 생각보다 실천하기 어려운 덕목이다. 우리는 서로 비교하는 버릇이 있기 때문이다. 사람은 나보다 못하거나 단점이 커 보이면 상대를 무시한다. 무시하는 마음을 노골적으로 드러내어 갈등을 일으키거나 반대로 드러내지 않으면서 은근히 상대를 경멸한다.

이런 문제를 막는 좋은 방법은 무엇일까? 사람을 이분법이 아니라 삼분법으로 나눠서 생각하면 된다. 다시 말해 상대를 좋은 사람과 나쁜 사람으로만 나누는 게 아니라 좋은 사람, 나쁜 사람, 보통 사람으로 나누는 것이다. 이러면 상대방을 대할 수 있는 태도가 달라진다. '저 사람은 결점도 있지만 그 정도 결점은 누구에게나 있을 수 있으니까. 그냥 중간 정도라고 생각하자'라고 이해할 수 있다는 뜻이다. 그러면 상대를 무시하는 마음이 줄어든다. 또 다른 방법으로는 상대가 정말 싫거나 불편하더라도 '저 사람도 영혼은 나쁘지 않은 사람이다.'라고 생각하는 것이다. 처음부터 잘 되진 않지만 몇 번 하다 보면 그럭저럭 할 수 있게 된다. 처음에는 얼굴도 보고 싶지 않은 사람도 나중에는 좋은 사람이 되기도 하고 그럭저럭 불편하게 지내지 않아도 되는 사이가 되기도 한다.

존중은 상대에 대한 성실함의 표현이라고 나는 생각한다. 상대를 잘 관찰하고 끈기 있게 장점을 찾으려 애쓰는 사람만이 진정한 존중을 보여줄 수 있기 때문이다. 맹상군이 재주의 많고 적음에 따라 손님을 가려 받지 않았음을 생각해 보라. 그리고 그 행동이 결국 그의 목숨을 구했음을 생각해 보라. 이렇게 생각하면 존중이란 상대를 함부로 판단하지 않는 태도이며 더 나은 점을 찾기 위해 노력하는 모습이라고 생각할 수 있다.

## · 이번 주 할 일 ·

☐ 자신을 비웃는 표현 하지 않기

☐ 거울 보고 우울해하지 않기

☐ 다른 사람을 비웃는 표현 하지 않기

## · Memo ·

# 창조성

당신에게 창조성을 가져다 줄 신체 기관을 하나 꼽으라면 나는 엉덩이라고 말하겠다. 창조성은 사람들의 생각이나 기대와는 다르게 번뜩이는 영감에서 나오는 게 아니기 때문이다.

어느 날 갑자기 사과가 떨어지는 걸 보고 '아, 저건 만유인력 때문이지'라고 말하는 사람은 세상에 없었고 앞으로도 없을 것이다.

세상에 알려진 뉴턴의 일화는 사실이 아니다. 설령 그런 일이 있었더라도 뉴턴이 뜬금없이 만유인력에 관한 하나의 법칙을 발견해냈을 것 같지도 않다. 그가 만유인력에 대해 생각할 수 있었던 이유는 그에 관해 끈질기게 생각하고 연구한 결과라고 믿는 편이 자연스럽다.

그런데 우리는 왜 천재와 자신을 비교하며 우울해하길 즐기는 걸까? 그 이유는 '게으름' 때문이 아닌가 싶다. 천재가 이룬 업적을 노력이 아니라 재능에서 찾으면 재능이 없는 '나'는 노력하지 않아도 되기 때문이다. '저건 재능이 있는 사람이 만든 결과잖아. 난 재능 없으니까 그냥 시작도 안 하는 편이 나아.'

그러나 창조성은 누구나 가지고 있다. 이 말은 과장이 아니다. 왜냐하면 창조성이란 무에서 유를 만드는 일이 아니기 때문이다.

누구나 보고 듣는다. 그래서 세상을 관찰할 수 있다. 관찰을 하되, 기존의 방식이 아니라 서로 다른 것을 연결하는 것, 그러한 능력이 창조성이다. 이러한 창조성의 대가는 역사상 여럿 있었는데, 나는 한 명을 선택하라면 레오나르도 다 빈치Leonardo da Vinci를 꼽고 싶다.

다빈치의 창조성은 어디서 나온 것일까? 광적이라고 해도 좋을 만큼의 메모 집착에서 나왔다. 심지어 그는 그림도 스케치하다가 만 작품이 많다. 나는 그것도 일종의 메모라고 생각한다. 완성시켜야 할 작품이라고 생각했다면 그리다 말았을 리가 없기 때문이다.

우리가 메모하는 과정을 생각해 보자. 우리는 수업을 들을 때 교사의 설명을 전부 기록하려 애쓰지는 않는다. 그것은 메모가 아니라 속기다. 메모는 핵심을 정리하는 것이다.

아울러 그것이 더 효율적으로 진행되기 위해서는 키워드 위주로 적게 마련이다. 이런 방식으로 우리는 뼈대를 남기고, 나중에 그 뼈대를 보고 전체를 상상할 수 있다. 과학자들이 공룡의 화석뼈만 보고도 공룡의 모습을 복원할 수 있는 것처럼 말이다.

결국 수많은 데이터는 메모라는 형태로 남아야 하며 이러한 메모가 여럿 모이면 그것들이 서로 연결된다. 레오나르도 다 빈치의 천재적 창조력은 그러니까 사람들의 생각과는 달리 집착이라고 해도 좋을 만한 노력의 결과인 셈이다.

이처럼 창조성이란 하루아침의 노력으로 길러지는 게 아닌데도 사람들은 그것이 신의 계시나 선택을 받은 사람이 보여주는 특별함이라고 생각한다. 물론 세상에는 그런 사람도 있을 것이다. 그러나 대개의 경우는 그렇지 않다.

예를 들어 보자. 작가이자 강연자인 최진기는 『한 권으로 정리하는 4차 산업혁명』에서 이렇게 이야기한다.

바퀴가 발명된 건 5,000년 전이고 가방도 그만큼의 역사를 가지고 있을 거라고. 그런데 가방 밑에 바퀴를 단 캐리어가 등장한 건 1970년이고, 그랬기에 오드리 햅번 같은 허리에 힘이라곤 하나도 없을 듯한 여자 주인공이 영화에서 무거운 가방을 낑낑대면서 들고 다닌 거라고 말이다. 사람들이 창조성이 훈련에 의한 것이 아니라면 캐리어는 진작 발명되었을 것이다.

반복해서 말하겠다. 창조성은 없던 것을 있게 하는 것이 아니다. 있던 것을 서로 묶거나, 관점을 비틀어서 사용할 수 있게 만드는 것이다.

전화기에 MP3 플레이어, 소형 컴퓨터를 합쳐 놓았더니 스마트폰이 탄생했다. 스티브 잡스는 사람들이 잘 쓰는 물건을 하나로 모아 사용하기 편리하게 만들었다. 어쩌면 그는 이렇게 생각했을지 모른다. '번거롭게 전화기와 소형 컴퓨터당시에는 PDA를 왜 다 들고 다녀야 하는 거야?' 우리가 자주 쓰는 3M사의 포스트잇이 원래 실패작이었다는 사실을 알고 있는가?

3M사가 처음 생각한 것은 접착력이 약한 물건이 아니었다고 한다.

그런데 '너무나 약한 이 접착력'을 긍정 요인으로 바라보자 여기서 히트 상품이 탄생했다. 아무 곳이나 흔적 없이 떼었다 붙일 수 있는 메모장이 사람들의 관심을 끌었기 때문이다. 포스트 잇은 실패작이 되어 폐기 처분될 뻔했지만 관점을 바꾸자 굉장한 물건이 되었다. 이미 있는 물건을 다른 각도로 비틀어 활용하려는 노력, 이 또한 창조성이다.

이처럼 창조성은 노력의 결과물이다. 그 노력이란 많은 것을 보고, 듣고, 생각하며, 기록할 때 가능하다.

그러한 노력의 결과물이 어느 정도 쌓이면 사람은 얼마든지 창조성을 발휘할 수 있다.

원래 창조적인 사람이 따로 있는 것이 아니라 기록으로 남기려는 이가 적어서 창조적인 사람이 적은 것이다. 단, 기록을 할 때에는 유의할 점이 있다. 거기에는 자기 생각이 들어가야 하다는 점이다. 그저 남의 글을 요약정리만 열심히 한다면 아는 것은 늘겠지만 창조성은 길러지지 않는다. 창조성은 있는 사실을 그대로 기록하고, 그 기록에 자기 생각을 덧붙이는 과정을 반복하면서 길러진다.

글쓰기가 어려운 이유도 바로 그 때문이다. 있는 사실을 요점 정리하는 것도 훈련되지 않으면 쉽지 않다.

그런데 거기에 더해 '생각'까지 하라니, 평소에 생각하지 않던 사람의 입장에선 힘든 노릇이다. 그러나 이 과정을 거쳐야 당신의 창조성이 빛을 발한다. 그래서 창조적 직업을 가진 이들에게 수첩 없는 삶은 상상할 수 없다. 글쓰기를 해야 하는 나 역시 머리에 무언가가 떠오르면 바로 휴대폰 메모장을 열어 기록한다.

당신도 기록을 시작하라. 기록하고, 거기에 자신의 의견을 덧붙이라. 책을 읽고 요약하는 일은 훌륭한 일이다. 대개의 사람들은 그조차 하지 않는다. 그러나 당신의 재능을 더 빨리 끄집어내는 방법은 거기에 자기 생각을 덧붙이는 것이다. 한 달에 단 한 권만 읽어도 좋다. 이 과정을 진행해 보라. 생각하지 않는 사람들 속에서 당신이 얼마나 그들과 다른 존재가 될 수 있는지 알게 되면 스스로 놀랄 것이다. 아울러 자신의 학습 능력과 생각하는 수준이 얼마나 올라갈 수 있는지를 발견하는 것도 큰 기쁨일 것이다.

· 이번 주 할 일 ·

☐ 하나의 주제에 대해 마인드맵 그리기

☐ 서로 다른 두 개의 사물을 연결하면 어떤 모습일지 상상하기

☐ 창조적인 직업을 가진 이들이 어떻게 작업하는지 찾아보기

· Memo ·

# 중용

살면서 배우게 되는 건, 많은 것에는 상대성이 있다는 점이다. 따라서 무엇만을 절대적으로 추구하는 것은 위험하거나 무익할 수 있다. 사람의 성장이 한 가지 방식만으로 이루어지지는 않는다. 용기도 지나치면 만용이 되고, 자부심도 지나치면 반감을 불러일으키는 것처럼 말이다. 따라서 어떠한 덕목이든 적절한 수준을 유지해야 하는데, 이를 '중용'이라 한다.

중용은 한 가운데를 의미하지 않는다. 다시 말해 중용은 1부터 10까지의 숫자 중에 한가운데인 5를 가리키는 것이 아니다.

경우에 따라 3이 되기도 하고 8이 되기도 한다.

기계적인 가운데가 아닌, 상황에 맞는 최적값, 그것이 중용이다. 따라서 중용의 미덕을 발휘하려면 현명함이 필요하다. 현명함이 없으면 최선을 다한다 한들 가장 좋은 답을 이끌어내기는 어려울 것이다. 상황 판단이 안 되기 때문이다.

서양에서 이러한 중용의 개념을 가장 먼저 주장한 사람은 아리스토텔레스Aristoteles로 알려져 있다.

그는 용기가 지나치면 만용이 되고, 부족하면 비겁이 된다고 하였다. 그리고 중용의 덕을 실천할 수 있는 사람은 행복하다고 하였다. 그런데 상황에 따른 최적값을 찾으려는 노력은 서양에만 있었던 게 아니다.

공자孔子 또한 같은 방식으로 제자들을 가르쳤다.

어느 날 공자에게 제자 자로子路가 질문을 한다. "옳은 것을 들으면 실행하여야 합니까?" 그러자 공자가 대답한다. "집안에 아버지와 형이 계시는데, 어찌 듣는다고 바로 실행할 수 있겠느냐?"

다음에 또 다른 제자 염유冉有가 같은 질문을 했다. 그러자 공자는 "들으면 바로 실행하라"고 대답했다. 그러자 공자의 대답이 제자마다 서로 다름을 알게 된 공서화公西華라는 제자도 공자에게 질문하였다. 같은 질문을 두 사람이 하였는데 어찌 대답이 서로 다르냐고 말이다.

✳

공자는 이렇게 말했다고 한다. "염유는 소극적이어서 나아가게 한 것이요, 자로는 앞서가려는 성질이 있어 물러서게 한 것이다."

수많은 사람이 자기 이론을 이야기한다. 나는 이 방식으로 성공했다면서 말이다. 그런데 그 성공에는 사람의 기질, 그리고 운도 영향을 미친다. 그러니 '이렇게만 하면 성공한다'는 말은 거짓에 가깝다.

사람마다 처한 상황이 다른데 그걸 무시하고 과거의 성공 사례 하나만을 가져와 이렇게 하면 된다고 말하는 것은 대단히 위험한 일이다. 공자는 무조건 나서라고 하지도 않았고, 무조건 물러서라고 하지도 않았다. 제자의 성격과 상황을 고려하여 그에 맞는 가장 좋은 답을 주었다.

교육 분야에서는 이를 개별화 교육이라고 한다. 철학에서라면 중용이라 할 것이다.

물론 가장 보편적이면서도 정의롭고 행복할 수 있는 길을 찾는 일이 쉬운 일은 아닐지 모른다. 그러나 그 일은 가치 있는 일이다. 중용의 미덕을 발휘할 수 있도록 연습하는 것은 그래서 필요하고 말이다.

상황에 따른 최적값을 찾으려는 노력은 생각보다 복잡할 수
있다.

예를 들어보자. 한 강도가 약국에 침입했다. 마침 약국을 떠나
지 않았던 약사와 격투가 벌어졌다. 약사는 살해당했고 강도는
체포되었다. 이 사건을 본 사람들은 강도의 잘못을 비난하였다.

그런데 다음 날 신문에 기사 하나가 실렸다. 강도에겐 부인이
있었는데 희귀한 암에 걸린 상태였다. 그런데 살해당한 약사가
그 암을 치료할 수 있는 신약 개발에 성공한 것이다.

약사는 그 약을 만들기 위해 1억 원을 투자했고 약 한 알에
1,000만 원의 가격을 책정했다. 남편은 부인을 살리려고 백방으
로 뛰었다. 그래서 어렵게 마련한 돈이 500만 원이었다. 지푸라
기라도 잡는 심정으로 남자는 약사를 찾아갔다. 그러나 약사는
500만 원에는 약을 팔 수 없다며 거절하였다. 결국 강도의 부인
은 죽고 말았다. 이 경우 나쁜 사람은 누구인가? 강도인가? 아니
면 탐욕스러운 약사인가?

그런데 다음 날 신문에 또 다른 기사가 실렸다. 이번에는 약

사의 사정이었다. 약사는 신약 개발에만 몰두했고 그래서 가정을 돌보지 못했다. 아이들은 학교에 가지 못했고 참다못한 부인은 이혼을 요구했다.

그런 세월이 10년, 그는 가까스로 신약 개발에 성공하였다. 그는 뒤늦게라도 아버지의 역할을 하고 싶었다. 그러려면 돈이 필요했다. 더구나 그가 들인 시간과 노력의 가치를 생각할 때 1,000만 원은 비싸다고 보기 어려웠다. 이런 경우 약사는 비난받아야 하는가?

위 상황을 통해 알 수 있는 점은 두 가지다. 첫째는 세상일은 생각만큼 단순하지 않을 수 있다는 점이고, 둘째는 그러한 다양한 상황을 고려하려면 지혜가 필요하다는 점이다.

그런데 자신이 알고 있는 내용만을 가지고 세상일이나 남에 대해 함부로 평가한다면 어떤 일이 벌어질까? 그가 아는 것은 전부가 아니므로 그릇된 판단을 내리게 될 것이다.

앞서 이야기했던 통킹만 사건을 기억하는가? 이는 단편적인 정보에만 의지한 존슨 대통령이 참으로 중대한 실책을 저질렀음을 의미한다. 부족한 정보, 그에 반비례하는 지나친 자기 확신, 마지막으로 상황에 대한 종합적 고려를 게을리한 대가는 많은 사람이 목숨을 잃는 결과를 낳고 말았다.

우리가 살면서 남의 목숨과 관계된 결정을 내릴 가능성은 크지 않을지 모른다. 그러나 맞이하지 않아도 되었던 불행한 결과를 맞이하게 되는 경우는 종종 있을 수 있다. 만약 그런 일이 벌어진다면 이는 순간의 감정적 판단과 타인에 대한 무관심 때문일 것이다.

상황에 맞는 가장 좋은 답을 찾으려 애쓰는 일은 중요하다. 그것은 우리를 더욱 지혜롭게 만들고 더 나은 선택으로 우리를 이끈다. 그러니 중용의 미덕을 발휘하기 위해 노력하자. 그것은 우리가 세상에 대한 진지하고 따뜻한 관심을 가질 때 발휘할 수 있는 덕목이다.

☒

## · 이번 주 할 일 ·

☐ 갈등 상황이 발생하면 '옳은 것'이 아니라 '좋은 것'을 선택하기

☐ 내가 옳더라도 상대에게 양보하기

☐ 나의 생각을 강요하기 전에 상대의 입장부터 살펴보기

☒

## · Memo ·

# 확신

내가 다닌 고등학교는 인문계이긴 했는데 학업 수준이 높은 편은 아니었다. 평범한 수준에 속했다. 다만 내가 속한 반은 유독 악명이 높았는데, 모든 교사가 기피할 정도였다. 그런데 악질적인 학생들 사이에서 확실한 기준이 있었다.

그 기준은 '공부하면 왕따'였다. 학급은 완전히 둘로 갈리어서 공부를 하는 학생들과 하지 않는 학생들로 나뉘었고, 공부하지 않는 아이들은 공부하는 아이들을 끊임없이 괴롭혔다.

한 번은 교실에 들어왔더니 내 사물함에 모르는 자물쇠가 채워져 있었다. 의미는 분명했다. 공부하는 게 재수 없다는 뜻이다. 나는 어떻게 했을까? 1층 행정실로 내려가 절단기를 빌려온 다음, 자물쇠를 끊고 책을 꺼내 공부했다. 그 상황에 누가 자물쇠를 채웠는지 찾아내는 일이 무슨 의미가 있겠는가? 어차피 찾아낼 가망도 없는데 말이다. 나는 그렇게 책을 꺼내 공부했다. 나는 목적에 맞게 움직였고, 그러려면 내가 하는 일에 확신이 필요했다. 내가 무엇을 해야 할지를 생각하고 그 일을 가장 잘하는 방법을 찾아야 한다. 확신도 없고 감정에 휘둘리면 그렇게 할 수 없다.

자기 확신은 상황에 따라 단점이 아니라 장점이 될 수 있다.

이러한 장점이 극대화되는 조직이 있다면 바로 군대일 것이다. 군대에서 생각은 나중이다. 반대로 행동은 즉각 이루어져야 한다. 이럴 때는 오만한 성격, 독선적인 성격조차 장점이 될 수 있다.물론 그의 판단력이 올바르다는 전제가 필요할 것이다. 적이 쳐들어왔는데 '자, 이제부터 대책 회의를 시작합시다'라고 할 수는 없지 않은가.

그들에겐 실행이 미덕이며, 이러한 실행은 확신에 찬 일관성을 필요로 한다.

이는 글을 쓰는 사람에게도 마찬가지다. 글을 쓰는 사람은 첫 글을 가족이나 가까운 사람에게 보여주면 안 된다. 그들은 글을 쓴 사람을 염려한다는 이유로 온갖 부정적인 말들을 늘어놓기 때문이다. 그러면 글을 쓰는 사람은 위축된다.

그리고 다시는 글을 쓰지 않는 경우가 많다. 『노르웨이 숲』우리나라에서는 『상실의 시대』라는 제목으로 출간되었다으로 유명한 베스트셀러 작가 무라카미 하루키가 처음 출판사에서 받았던 것은 찬사가 아니라 위로였다. 그가 들은 위로는 이랬다. "괜찮아요. 작가라면 누구나 원고료를 받아가면서 성장하는 거니까요."

어떤 일이든 시작부터 거창한 존재를 당신은 아는가? 그런 사람이 도대체 얼마나 되는가? 곰곰이 생각해 보라. 나는 아무리 떠올려보아도 없다. 나도 그렇고, 내 주변에도 그런 사람은 없다.

우리는 모두 작고 초라하게 시작하지만 대개의 사람들은 그 사실을 잊어버린다. 그래서 확신이 필요하다. 노력하는 한 우리는 절대 지금과 같지 않을 것임을 믿어야 하는 것이다. 『리스타트』는 이수진 '야놀자' 대표의 일기를 그대로 옮겨 놓은 책이다.

2015년에 발간된 이 책에는 이수진 대표의 진정성이 그대로 묻어 있다.

그중 한 구절을 보자. "내 인생은 누군가가 바꿔주는 것이 아니다. 내 인생은 현재 내가 생각하는 모습으로 바뀐다. 나에게 마법을 걸어라."

이수진 대표가 끝까지 포기하지 않고 끊임없이 확신에 가득 찬 일기를 쓴 결과는 어땠을까? 손정의 일본 소프트뱅크그룹 회장이 야놀자에 2조 원을 투자하는 성과로 이어졌다. 손정의 회장은 야놀자의 미래가 2조 원을 투자할 만한 가치가 있다고 판단한 것이다.

우리의 성공에는 2조 원이나 필요하지 않다. 대신 확신은 필요하다. 확신은 무엇을 이루겠다, 혹은 무엇이 되고 싶다는 결심을 지속하게 만드는 힘이다.

우리는 스스로 믿는 만큼 노력할 수 있다. 성과가 나오지 않을 일에 시간과 노력을 들이는 사람은 없기 때문이다. 자신에 대한 확신은 주어지는 것이 아니라 만드는 것이다.

이러한 확신을 이끌어내는 좋은 방법이 있다. 무엇을 손에 넣고 싶다면 그것을 얻는 것을 기정 사실화하면 된다. 그리고 그 확정된 결과에 도달하는 과정을 어떻게 만들까를 고민하면 된다.

나는 30대 초반부터 내가 책을 쓸 거라는 사실을 알고 있었다. 문예창작과를 선택하지 않았지만, 그럼에도 여전히 책을 쓸 수 있다고 믿었다. 나는 내가 글쓰기를 어려워하지만 그래도 그 일이 나에게 어울리는 일임을 알고 있었다. 그러니까 나는 글을 쓰는 사람이 되어야 했다. 그러지 않을 수 없었기 때문이다.

이것이 의미하는 바는 분명했다. 내가 책을 통해 내 삶을 바꿀 수 있다는 확신이 있었다는 뜻이다.

나의 직장 생활은, 고백하건대 썩 만족스럽지는 않다. 외부와 격리된 학교에서 때로 어떤 교장은 왕으로 군림하려 드는 경우도 있었기 때문이다.

교육청은 학교장의 권한을 침범할 수 없으며 장학사들은 때때로 교장의 부당한 요구에 쩔쩔맨다. 나는 그런 일을 수도 없이 지켜보았다. 학교 밖 교육청 관계자들에게도 그런데, 학교 안에서 못된 교장이 교사들을 어떻게 대할지를 상상해 보라. 그것들만 기록해도 책 한 권이 나올 것이다. (물론 존경할 만한 교장 선생님도 그만큼 만나보았다. 그런 분들에게는 교육 철학이 아니라, 인생 자체를 배울 수 있었다).

나는 학교에서 평교사들이 부당한 대우를 받으면 목소리를 곧잘 내곤 했다. 그러나 대다수의 교사는 그렇지 않았다. 어떤 때는 그런 모습이 답답하지만 나는 그들의 삶에 개입할 수 없다. 그것은 그들이 결정한 것이기 때문이다.

그러나 그러한 결정이 언제나 원해서 이루어지는 것이 아님은 안다. 그들은 학교의 변하지 않는 현실에 대해 푸념한다.

나는 30대 교사에게 적당히 일을 던져주고 혼자 뒤에 숨어 편함을 찾는, 그리고 교장이 어떻게 하든 나만 건드리지 않으면 된다고 말하는 50대 교사들의 삶이 내 삶이 되도록 허용할 생각은 조금도 없었다.

내가 살아온 인생만큼 학교에서 남은 시간을 보내야 하는데, 그런 삶을 살 수는 없다고 생각했기 때문이다. 그래서 내가 생각하는 좋은 학교는 어떠해야 하는가를 기록했다. 그 기록들이 모여 내 첫 번째 책이 되었다. 그리고 나는 이제 적당히 학교에 대한 관심을 줄이고 산다.

학교는 변하지 않을 것이다. 그러므로 나는 거기에 내 힘을 쏟지 않는다. 대신 나는 나에게 집중한다. '어떻게 하면 나를 더 개선할 수 있는가?'가 나의 관심사다.


확신은 증거를 요구하는 것이 아니다. 이미 증거가 있는데도 확신이 필요하다면 우리의 인생은 피곤할 것이다.

2에 2를 곱하면 4가 된다는 사실을 아는 데 확신이 필요한가? 확신은 증거가 없는 것에 자신을 거는 일이다. 인생에 한 번은 자기 자신 전부를 베팅해 봐야 하지 않겠는가. 그래서 안 될 일 조차 되게끔 해 보아야 하지 않겠는가.

나는 필요하면 언제든 나 자신을 걸 수 있다는 각오로 세상을 살고 있고, 이 글을 읽는 당신 또한 그럴 수 있음을 안다. 확신이란 그런 것이다. 당신을 아직 만나보지 않은 내가 당신에게 거는 기대가 확신이다. 당신의 성공을 비는 것이 아니라 당신이 성공할 수밖에 없는 존재임을 믿어 의심치 않는 것, 바로 그런 게 확신이다.

내가 당신이 원하는 것을 손에 넣을 수 있음을 확신하는 것처럼 당신 역시 당신이 무엇이든 가질 수 있음을, 혹은 될 수 있음을 확신하길 바란다.

· 이번 주 할 일 ·

☐ 내가 될 수밖에 없는 사람의 모습을 다섯 줄 이상으로 기록하기

☐ 하루 0.1%씩 바뀐다는 생각으로 날마다 실행할 것 찾기

☐ 이미 되고 싶은 사람이 된 것처럼 행동하기

· Memo ·

# 재미

호모 루덴스Homo Ludens는 놀이하는 인간, 유희하는 인간을 뜻한다. 이는 사람이 재미를 추구하는 존재라는 의미다.

의미 있는 것은 고통스럽고, 쉬운 것은 의미가 없다. 사람들이 의미가 없음을 아는 경우에도 그 일을 계속하는 이유는 무엇일까? 재미 때문이다.

밤새 게임을 하는 것을 막기 위해 국가가 밤 10시 이후 청소년의 PC방 출입을 금지했음을 생각해 보라. 재미에 대한 추구는 때로 국가가 막아야 할 만큼 강렬한 인간 본능이다. 그렇다고 사람이 재미를 추구하는 성질 자체를 나쁘게 봐서는 안 된다. 오히려 요즘 사회는 재미를 너무 추구하지 않아 질식할 것 같은 느낌이 든다.

한국 사람들의 '빨리빨리' 문화는 곧 효율성을 의미한다. 여기서 효율성은 삶의 재미라는 요소를 죽이더라도 빠른 시간 내에 일처리만 끝내면 된다는 뜻이다. 그 결과 사람들은 본성에 어긋나는 방식으로 삶을 살아간다. 이런 사회가 정상이라고 할 수 있을까? 사실 진짜 문제는 재미의 추구가 아니라 '수동적' 재미의 추구다. 내가 말하는 수동적 재미를 추구한다는 말의 의미는, 남이 만들어 놓은 컨텐츠를 소모하기만 한다는 뜻이다.

넷플릭스의 영화를 모조리 감상하고 신작 게임에만 몰두하는 일은 남들이 만들어 놓은 세계에 스스로 갇히겠다는 의미다. 영화 속 세계를 만드는 이는 시나리오 작가와 감독이며 신작 게임 속 세계를 만드는 이 역시 작가와 총괄 책임자일 것이다. 그들이 만들어 놓은 세계가 그럴듯하면 할수록 사람들은 거기에 빠져든다. 그리고 자신의 시간을 죽인다.


창조란 고통스러운 과정이다. 그러나 재미있고 가치 있는 과정이다. 남의 컨텐츠를 소모하는 것이 아니라, 내가 만드는 것이기 때문이다.

이 과정의 고통이란 마라톤 선수가 느끼는 고통과 같다. 마라톤 선수가 고통을 참다못해 그걸 즐기는 러너스 하이<sup>runners' high</sup>

상태에 도달하듯, 모든 분야의 장인, 거장은 그들 자신의 세계에 진심으로 빠져든다.

『감자』, 『배따라기』 등을 쓴 작가 김동인은 글쓰기의 천재라 할 만하다. 그는 신문사에 원고를 보낼 때, 미리 원고지의 매수를 매긴 다음 글을 쓰곤 했다. 이것이 의미하는 바는 무엇일까? 중간에 글을 고칠 필요가 없었다는 뜻이다.

만약 고치면 중간에 원고지를 찢어야 하는데, 그럴 거라면 미리 원고지에 매수를 표시하는 일은 불가능하기 때문이다. 실제 김동인은 자기 실력에 상당한 자신감을 갖고 있었다. 그러나 모든 작가가 그렇게 쓸 수 있는 것은 아니다. 아무리 뛰어난 작가라도 대개는 자기 글을 고치고 또 고친다. 글 쓰는 이들은 이러한 작업을 당연하게 생각한다. 지루하지만 반복적인 과정은 모든 창조성의 원천이다.

그래서 『노인과 바다』를 쓴 헤밍웨이는 "모든 초고는 쓰레기다"라는 말을 남겼다. 대개의 작가라면 여기에 동의할 것이다.

나 또한 그렇다. 100쪽의 원고를 완성하려면 최소 300쪽 분량의 원고를 쓰고 고쳐야 한다. 100페이지를 쓰기 위해 300페이지를 쓰고 그중 200페이지를 버린다. 그리고 나머지 100페이지를 고치고 또 고친다.

많은 작가가 그러한 작업을 기꺼이 해내는 이유는 무엇일까? 단순히 생계의 문제는 아닌 것 같다. 만약 그렇다면 다른 일을 하는 편이 효율적이다.

『여행의 이유』를 쓴 작가 김영하는 소설가가 되는 방법을 묻는 사람에게 이렇게 말했다. "소설가 되지 마세요." 왜 그랬을까? 창작이 얼마나 힘들고, 그에 대한 대가가 박한지 아는 현업 작가이기 때문일 것이다. 실제 우리나라에서 책만 써서 먹고 살 수 있는 전업 작가는 100명 정도에 불과하다. 그런데도 작가들이 글 쓰는 일을 기꺼이 하는 까닭은, 그러한 일이 창조의 기쁨을 주기 때문이다.

글을 읽는 것은 즐거운 일이다. 모르던 것을 아는 것은 재미있는 일이다. 그런데 독자가 기쁘고 즐거워할 수 있도록 만드는 작가는 어떨까? 그의 기쁨은 독자가 누리는 기쁨보다 크다.

하나의 세계를 창조하고, 그 안에서 자기가 만든 캐릭터들이 살아 움직이게 만드는 일은 그 세계를 감상하는 일보다 한 차원 높은 수준의 기쁨과 감동을 주기 때문이다. 즐거움은 곧 재미다. 결국 작가가 힘들지만 글을 쓰는 이유는 곧 그 일이 재미있기 때문이라고 할 수 있다.

　에베레스트산을 세계에서 8번째로 정복한 이는 우리나라의 고상돈이다. 그는 정상에 올라 이런 말을 남겼다. "여기는 정상, 더 이상 오를 데가 없다." 멋진 말이다. 그 말은 에베레스트산의 꼭대기에 도달한 자만이 할 수 있는 말이기 때문이다.

　그러나 상상컨대, 그가 그런 말을 남기려고 처음부터 목적을 정해두고 등산을 시작했던 것은 아니었을 것이다. 그가 등산을 했던 것은 그것에 재미를 느꼈기 때문이다. 그는 등산에 매력을 느껴 대학교에 다니면서 산악 전문 훈련을 받았고, 직장에서는 산악회를 조직해 활동했다. 3년 동안 에베레스트 산 원정대 훈련도 받았다.

　그가 에베레스트산에 등반할 수 있었던 건 그러고도 6년이 지나고 나서였다. 1971년 네팔 정부에 입산허가서를 제출한 결과가 6년 뒤에야 나왔기 때문이다. 고상돈은 그해 9월 15일 낮 12시 50분에 에베레스트를 처음으로 등정했다.

　삶의 모든 일을 재미로만 하기는 어렵다. 그러나 재미없는 일만 하기는 더 어렵다. 재미는 우리가 무언가를 하게 만드는 힘이다.

삶을 살아가는 동력에는 여러 가지가 있으나 그중 재미를 뺀다면 우리가 세상을 즐겁게 살기란 어려울 것이다.

노새는 짐을 끌고 소는 밭을 간다. 그러나 우리의 삶을 그런 수준으로 만들 이유는 없다. 가족을 위해 희생하는 가장의 행동은 훌륭한 것이지만, 정작 그의 가족조차 자기 아버지가 불행하기를 바라지는 않을 것이다. 스스로의 삶을 희생하는 삶, 혹은 부족하고 불완전한 삶으로만 여기는 일은 바람직하지 않다. 그보다는 재미있는 무언가를 찾아내어 즐겁게 사는 편이 낫다. 스스로의 마음을 죽이고 살아가기보다는, 스스로의 삶에 빛을 더하고 밝게 살아가는 인생을 추구하라고 권하고 싶다.

☒

### · 이번 주 할 일 ·

☐ 우스꽝스러운 캐릭터 상상하고 그대로 따라해 보기

☐ 우울할 때 하면 기분전환 될 것 같은 일 5가지 찾아보기

☐ 단편 소설 써보기

☒

### · Memo ·

# 통찰

요즘은 먹고 살기 힘들다는 이야기가 많이 들려서 그런지 학생들도 돈에 관심이 많은 것 같다.

그 자체는 좋다 나쁘다 말하기 어렵다. 다만 부모님이 물려줄 재산이 많은 게 아니라면 스스로의 노력과 능력으로 살 길을 만들어야 하는 것은 당연한 이야기다. 그러기 위해 필요한 것은 일정 수준 이상의 실력을 갖추는 것이며, 그러기 위해 피할 수 없는 것이 공부다.

학생들은 학교에서 벗어나고 싶어하지만, 학교를 벗어나면 학교만큼 공부하기 효율적인 곳도 없다는 사실을 깨닫는다. 대학 입시에 실패하여 재수하는 학생들이 가장 먼저 찾는 곳이 재수학원이다. 스스로를 통제하고 관리하는 일이 얼마나 어려운지 알기 때문이다. 학교는 벗어나고 싶어했는데 이번에는 스스로 고액의 비용을 들여 그보다 혹독한 생활을 하려 한다니, 그만한 모순이 없다. 물론 이는 공짜는 아니라 세금이 투입되지만와 아닌 것에 대한 이중적 태도에서 비롯되는 이유도 있을 것이다.

그런데 이렇게 힘든 공부를 해서 얻으려는 것이 무엇인가?

지식을 통한 자격 획득이다. 수능 시험에서 더 높은 점수를 받아 상위권 대학에 갈 자격이 있음을 증명해 보이려는 것이다.

그런데 이런 행동이 점점 의미가 없어지고 있다. 미국은 법정에서 배심원 제도를 택하고 있는데, 그들이 가장 믿지 않는 것이 말만 번드르르한, 학위 가진 사람이라고 한다.

우리도 별반 다르지 않은 것 같다. 현장 경험 전문가는 이론가를 믿지 않는 경향이 있다. 세상일이 꼭 이론대로만 되지는 않기 때문일 것이다.

학문 추구를 통해 누구보다 많은 지식을 얻었을 대학 교수, 수많은 박사급 인재들이 왜 그런 대우를 받을까? 지식은 있으나 통찰이 없기 때문이다. 지식은 노력으로 쌓아 올릴 수 있다. 그런데 그 지식을 어떻게 활용할 수 있는가를 아는 능력은 통찰에서 온다. 통찰은 많이 아는 것이 아니라 생각하는 습관을 통해 얻는다. 그러나 모두가 알고 있듯이 우리는 식사 메뉴를 생각하는 일조차 귀찮아한다. 5명이 모여 식사 메뉴를 정하면 그 중에 '아무거나'를 말하는 이가 한 명쯤 나오게 마련이다. 우리는 먹고 살기 위해 애쓴다고 하면서도 정작 먹는 문제를 해결하는 것조차 번거롭게 생각한다.

많은 사람들이 생각하지 않기 때문에 반대로 생각하는 이는 많은 것을 얻는다. 생각하는 일을 직업으로 가진 존재는 인간밖에 없다. 침팬지도 돌고래도 펭귄도 생각하는 일에만 몰두하는 별난 존재는 없다. 오직 인간만이 그럴 수 있고, 그중에서도 철학자라 불리는 소수만이 그럴 수 있다. 이들은 세상 사람들의 생각과는 달리 어마어마한 힘을 갖고 있으며, 필요하면 세상을 자신들의 뜻대로 조종하는 힘이 있다. 이는 과장이 아니다.

최초의 철학자 탈레스[Thales]의 경우를 살펴보자. 그는 생각하는 일에 몰두한 나머지 길을 가다 구덩이에 빠진다. 이 모습을 보고 지나가던 한 아낙이 탈레스를 멍청하다고 비웃었다.

그러자 탈레스는 자신이 어리석지 않음을 증명하기로 마음먹는다. 그러기 위해 그가 한 일은 한 가지였다. 구할 수 있는 올리브 압착기를 모조리 빌린 것이다. 왜냐하면 자기가 아는 모든 기상학적 지식을 총동원하였을 때, 다음 해 올리브 농사는 풍작이라고 확신했기 때문이다. 물론 사람들은 그가 왜 올리브 압착기를 빌리려는지 이해하지 못했다. 사람들의 의문은 다음 해에 풀린다. 그의 예측대로 다음 해 올리브 농사는 풍작이었다. 그런데 올리브유를 만들려면 압착기가 필요하다. 사람들이 생각해 보니 압착기를 쓸 권리는 오직 탈레스에게만 있었다. 여기에 생각이 미치자 모두 웃돈을 주고 탈레스에게 올리브 압착기를 다시 빌리지 않을 수 없었다. 결국 그는 독점을 통해 큰돈을 벌었다. 이러한 일화를 소개한 이는 아리스토텔레스인데, 그는 이에 관해 재미있는 말을 남긴다. "철학자는 마음만 먹으면 언제든 부자가 될 수 있다. 그러나 그의 마음은 보다 높은 곳을 향해 있는 것이다."

하늘을 바라보는 일은 누구나 할 수 있다. 그러나 기상을 관찰하는 일은 누구나 하는 일이 아니다. 탈레스는 그 점에서 남들과 달랐다.

그는 기상 관찰을 통해 앞으로의 일을 통찰하고 예측할 줄 알았다. 그리고 오늘날에도, 바로 그런 사람들이 돈을 번다.

코로나19 사태로 세계 전역에서 비행기 운항이 금지되었다. 여행사나 항공사도 문제였겠지만 비행기 제조사도 어려움을 겪었다. 미국에서 두 번째로 큰 비행기 제조사는 보잉Boeing이다. 한때 이 회사가 파산 위기에 처했다는 이야기가 떠돌았다. 회사 주식 가격은 폭락했고, 싼 가격에 이 회사 주식을 사들인 사람 중에는 워렌 버핏도 있었다.

그러나 그조차도 계속해서 떨어지는 보잉 주식을 감당할 수는 없었던지, 산 지 며칠 되지 않아 팔아버렸다. 싸게 사서 오를 때까지 장기 보유한다던 그가 자기 원칙을 저버린 것이다. 나는 지금이야말로 보잉사의 주식을 사야 한다고 생각했다. 내 생각은 단순했다. 보잉 같은 초대형 회사가 무너지면 실업자가 대량 양산된다.

그런데 미국 정부가 그걸 눈 뜨고 지켜볼 리가 없었다. 미국 정부는 과거에 공황을 경험하면서 그것을 어떻게 극복해야 하는지 충분히 배웠다. 그리고 이를 증명한 바 있었다. 특히나 보잉은 군수 회사여서 미국 정부 입장에서는 더더욱 망하게 놔둘 수 없었다. 내 예상은 맞았고, 보잉은 정부의 도움으로 극적으로 살아남았다. 당시 보잉의 주가는 100달러 이하였지만 이 글을 쓰는 시점에선 250달러다.

누구나 똑같은 뉴스를 보지만 그것을 해석하는 방식은 사람마다 다르다. 사람들은 생각하는 사람을 비웃을 때가 있다. '쟤는 생각만 많아. 행동은 할 줄 몰라', '너는 생각이나 해라. 그런데 도대체 뭘로 먹고 살 거야?' 등등. 그러나 역사상 가장 큰 부자들은 가장 많이 생각하는 사람들이었다. 최초의 철학자라 불리는 탈레스가 바로 최초의 경제인이었던 것처럼 말이다.

물론 행동은 필요하다. 그러나 그 행동은 대책 없는 행동이 아니라 통찰을 통한 결단력 있는 행동일 때 성공 가능성이 크다. 세상을 잘 사는 지혜는 지식을 얻고 그것을 통해 생각하는 훈련을 함으로써 얻는 것이다.

많은 지식을 쌓아올리는 것으로 끝나서는 안 된다. 알고 있는 지식을 연결하여 새로운 생각을 해낼 수 있어야 한다. 그럴 때 우리는 통찰할 수 있다. 그리고 그것은 언제나 집요한 관찰과 생각의 결과다.

✳

· 이번 주 할 일 ·

☐ 날마다 신문기사 1개 읽고 그에 대한 자기 생각 쓰기

☐ 친구가 지닌 버릇 1가지 이상 찾아내기

☐ 집까지 가는 길에 있는 계단 개수 세기

· Memo ·

# 능력

좀 잔인하게 들릴지 모르겠다. 그러나 나는 이 말을 학생들에게 할 때가 있다.

"나는 머리와 심장과 성대만 있으면 먹고 살 수 있다."

이 말을 들려주는 이유는 무엇일까? 자랑하기 위해서일까? 아니다. 전문지식이 있으면 그걸로 먹고 살 수 있는 시대임을 학생들에게 설명하기 위함이다.

사람들에게 내가 가르치는 능력이 있음을 증명하였기 때문에 나는 돈을 벌 수 있다. 지식 기반 사회란 지식이 곧 돈이 되는 시대를 말한다. 이러한 가정은 오늘날의 사회를 이해하는 출발점이다.

많은 사람이 투자에 목숨을 건다는 사실을 나는 안다. 그러나 단언컨대, 투자의 시작은 몸값을 올리는 데서 비롯된다. 그리고 그 몸값을 올리는 일은 지식으로 무장하는 일이다.

재테크 공부는 나중으로 미뤄야 한다. 사람들은 정확히 반대로 한다. 그들은 재테크 공부를 하느라 자기 몸값 올리는 일을 미룬다. 확정된 연봉 100만 원의 수입을 올리는 일이 불확실하게 1,000만 원을 버는 일보다 더 가치 있는 일임을 잊어버린다.

은행 이자가 연 2%라고 생각한다면 100만 원의 수입을 매년 올리는 일은 5,000만 원의 예금을 지닌 것과 같다고 볼 수 있다. 수입이 지속적으로 늘고 있다면 언제가 됐든 부자의 반열에 오를 수 있다. 반면 절대 잊지 말아야 할 것이 있다면 그것은 워렌 버핏Warren Beffett의 격언일 것이다.

그는 이런 말을 남겼다. "투자의 제1원칙은 돈을 잃지 않는 것이며, 제2의 원칙은 1의 원칙을 잊지 않는 것"이라는 말이 그것이다. 정말이다. 투자를 할 줄 아는 이는 돈을 잘 지키는 사람이다. 이를 알면 자산은 성공적으로 불려 나갈 수 있다. 그러나 더 중요한 것은 일단 투자할 돈이 있어야 한다는 사실이다.

사실 진짜 돈을 잘 버는 사람들은 불확실한 투자에 자기 돈을 거는 모험을 하지 않는다. 한 달에 천만 원을 버는 사람에게 투자가 필요할까? 그렇지는 않을 것이다. 이런 능력을 키우는 일은 오직 공부를 통해 길러진다.

나는 학생들이 불법 사설 토토에 얼마나 많은 돈을 잃고 있는지를 알고 있다. 그들이 부모가 자기 돈을 갚아주길 바라며 자살 소동을 벌이는 사실을 종종 확인했기 때문이다. 학생들에게 돈을 어떻게 벌어야 하는지를 가르치지 않으면 이런 문제가 발생할 수도 있다고 생각한다. 돈을 멀리하라고만 가르칠 것이 아니라 돈을 어떻게 하면 잘 벌 수 있는지를 가르쳐야 한다.

그래서 내가 수업 첫 시간에 보여주는 것은 주식 차트다. 미국 나스닥Nasdaq의 역사를 보면 끊임없는 상승과 하락이 반복된다. 그러나 결국은 상승하고 있음을 알 수 있다.

나는 국어 전공자라 미술에 대해서는 전혀 모른다. 그러나 인간의 탐욕과 공포는 정확하게 그려 보일 수 있다. 그게 어떻게 가능할까? 주식 차트를 그대로 따라 그리면 된다. 가격이 오른 부분은 인간의 탐욕을, 내린 부분은 공포를 의미한다.

인간은 생각보다 믿기 어려운, 이성적이지 못한 존재다. 그런데 믿을 수 없는 인간의 감정에 휘둘려 돈을 벌기도 하고 잃기도 하는 상황에 스스로를 맡기지 않는 방법은 하나뿐이다. 자기 능력을 계발하면 된다. 능력이란 어디 도망가는 것이 아니기 때문이다.

당신이 많은 재산을 가지고 배에 탔다고 생각해 보자. 그런데 풍랑이 일어 배가 가라앉았고 당신은 운 좋게 육지에 닿아 목숨만을 건졌다. 이때 당신이 잃은 재산에 대해 한탄한들 무슨 의미가 있겠는가? 그러나 당신이 지식이 있고 그것을 활용할 기회를 얻는다면, 당신은 굶어 죽지 않을 뿐 아니라, 능력에 따라 이전에 잃어버린 것 이상을 손에 넣을 수도 있다.

내가 수업 첫 시간에 주식 그래프를 보여주는 이유는 두 가지다. 하나는 불법 사설 토토 같은 엉뚱한 사기 도박에 관심 쏟지 않아도 된다는 의미이고, 또 하나는 나스닥의 역사보다 스스로를 더 가치 있게 만드는 방법을 설명하기 위함이다. 그것이 무엇일까? 바로 독서다. 왜 그럴까?

이런 생각을 해 보자. 어떤 교수가 그의 평생 동안 연평균 5천만 원을 받는다. 물론 그는 그 정도의 돈만 받지는 않을 것이다.

그러나 그가 시간강사 시절부터 받은 돈을 따졌을 때 평균 그 정도라고 가정해 보자. 이 교수가 30년간 돈을 번다면 그의 평생 몸값은 15억 원에 달한다. 그런 그가 자기 지식을 15,000원짜리 책에 모조리 담아서 판다면 어떤 일이 벌어질까?

작가는 인세로 자기 책값의 10%를 받는다. 그러니 그는 자기 책이 한 권 팔릴 때마다 1,500원을 번다. 그런데 여기서 중요한 건 작가의 수익이 아니다. 그보다는 독자의 수익이다. 독자는 단돈 15,000원에 15억 원의 가치를 얻는다. 이는 곧 10만 퍼센트의 수익률을 의미한다. 그 어떤 투자도 단 한 번에 10만 퍼센트의 수익률을 보장하진 않는다. 그런데 이 수익률은 그 어떤 투자보다 월등하면서 위험 부담이 전혀 없다는 장점이 있다.


내가 학생들을 가르치면서 한 가지 느낀 게 있다면, 그만 배워도 될 것 같은 학생일수록 열심히 공부하고, 더 공부해야 할 것 같은 학생일수록 공부를 게을리한다는 점이다.

독서를 그만해도 될 것 같은 학생일수록 치열하게 독서한다. 그들은 전문가의 글을 읽고 그것을 글로 요약하고 정리하는 일을 무리 없이 해낸다. 이런 일을 반복하니 당연히 그 학생의 몸값이 올라가는 일은 확정되어 있다. 취미 독서가 아니라 전문 독서를 해야 능력이 커지며 능력이 커질수록, 다시 말해 그가 속한 분야에서 상위 10% 안에 들면 들수록 그의 몸값은 기하급수적으로 올라간다.

이것이 돈을 버는 가장 확실한 비결이다. 그런데 학생들은 절반의 고민만 하는 것 같다. 진로에 대해 고민하는 것은 이해되는데, 거기서 살아남을 방법, 더 나아가 성공할 수 있는 방법에 대해서는 생각하지 않기 때문이다. 정말 자기 미래를 걱정하는 학생이라면 나는 그 학생이 다음의 질문을 스스로에게 던졌으면 싶다.

'어떻게 해야 내가 선택한 분야에서 10% 안에 들 수 있을 것인가?'

이 단 하나의 질문이야말로 매일 자신을 단련하게 만드는 가장 중요한 질문이다. 이 질문에 대답은 이미 했다. 매번 10만 퍼센트의 수익률을 올리는 사람이 무언가를 하기로 결심했다고 생각해 보라. 그가 하는 일이 평범한 수준의 결과로 끝나기는 어려울 것이다. 나는 이런저런 세상 경험을 하면서 스트레스에서 벗어나는 유일한 방법은 스트레스를 주는 문제 그 자체를 해결하는 것 외에는 없음을 알게 되었다. 그리고 내가 가진 문제는 이미 남들도 겪은 문제이고 그들은 그 해결책을 책에다 남겨놓았음도 확인하였다. 책 한 권이 작가의 인생이라면 책 10권은 10명의 인생이고 100권은 100명의 인생이라고 할 수 있다. 100명에게 조언을 구한다면, 그중 하나쯤은 나에게 맞는 정답이 아닐까?

부모가 물려줄 재산, 행운과 재능은 모두 내가 어쩔 수 없는 것이다. 그러나 노력은 우리가 마음대로 할 수 있는 것이다. 어쩔 수 없는 것에 한탄하지 말고 자신이 할 수 있는 일에 집중하라. 그 한 가지만으로도 성공하는 사람들은 늘 있다. 당신 역시 그렇게 할 수 있다.

· 이번 주 할 일 ·

☐ 마음에 드는 분야의 입문서 찾아 한 권 읽기

☐ 하루 30분 이상 책 읽기

☐ 공부법, 독서법에 관한 책을 읽거나 강의 듣기

· Memo ·

아무리 바쁘더라도 책을 읽을 시간을 만들어야 한다.
그렇지 않으면 스스로 무지에 빠지게 될 것이다.
-애트우드 H. 타운센드-

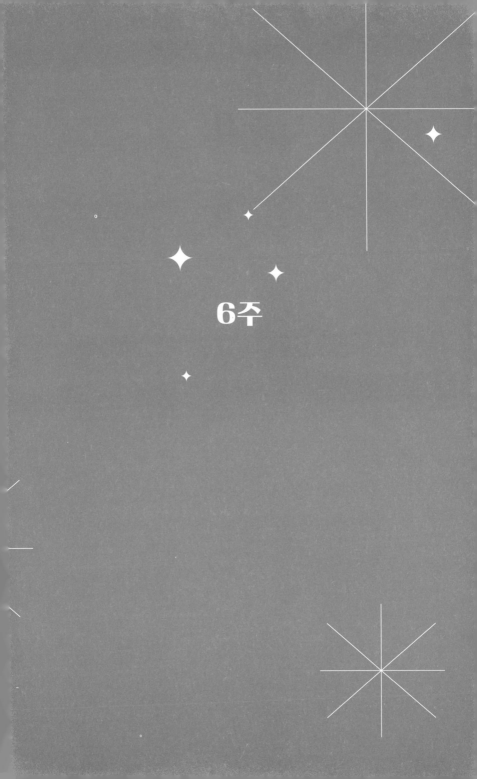

6주

# 도전

버킷리스트<sup></sup>bucket list 란 살면서 이뤄보고 싶은 것들을 적은 목록을 말한다.

이러한 목록이 필요한 이유는, 사람은 눈에 보이는 명확한 목표가 없으면 움직이지 않기 때문이다. 문자로 표현되어 볼 수 있는 목표가 생기면 사람은 그 목표를 의식하기 시작한다. 어떤 때는 그것이 일종의 스트레스로 다가오기도 한다. 해결되지 않은 과제는 끈질기게 사람을 괴롭히는 법이다. 스스로에게 가한 고통은 실행을 만들어내고, 그렇게 우리는 목표를 달성한다. 그리고 생각보다 자신을 괴롭히던 그 일이 별것 아니었음을 이해한다.

목표를 세우는 이유는 결국 도전하기 위해서다. 우리는 도전함으로써 어제와 다른 오늘을 살 수 있다. 평소 자기만의 패턴

대로만 산다면 익숙함에서 오는 편안함이 있다. 그러나 그 삶에 변화는 없고 나아짐도 없다. 내가 수많은 사람<sup>학생이든 아니든</sup>을 만나면서 느낀 건, 도전하지 않는 사람이 생각보다 많더라는 점이다.

학교에 들어오기 전 내 몸무게는 64kg이었다. 야근에 불규칙한 식사로 몸무게는 점점 불어 66kg에서 왔다갔다 했다.

코로나19 때 몸무게는 69kg를 찍었고, '어디 얼마나 가나 보자' 싶어 아예 손을 놨더니 73kg까지 갔다. 이건 심각했다. 왜냐하면 내 고3때 몸무게가 72kg이었기 때문이다. 그때보다 더 살이 쪘다면 이건 변명할 수 없는 관리 실패였다. 그래서 먹는 즐거움을 줄이고 원래의 식습관으로 돌아갔다. 몸무게는 69kg으로 돌아갔다.

나는 여기서 공포를 느꼈다. 내 몸무게가 여기서 그대로 정착해버리면 어쩌나 싶어서 말이다. 그래서 운동을 시작했는데, 처음에는 뭘 어떻게 해야 할지 몰라 그냥 열심히 했다. 시간 날 때마다 무슨 수를 써서라도 운동을 했다고 보아야 맞을 것이다. 새벽에 일어나서 헬스장에 가고, 점심시간에 홈트레이닝을 하고, 자기 전에 또 운동을 하고, 주말에는 지칠 때까지 운동하는 일이 반복되었다. 체계적으로 운동을 해 본 적이 없었기 때문에 오히려 그렇게 무식하게 할 수 있었던 것 같다. 식사는 탄수화물을 극도로 줄이는 방식으로 하고 하루 두 번 고기와 채소만 먹는 식단으로 엄격히 제한했다. 이른바 저탄고지 식단인데 이 방식은 나에게 잘 맞았다. 적어도 처음 한 달간은 말이다. 나는 고기를 딱히 즐겨 먹는 편은 아니었지만 내가 고기를 쳐다보기도 싫어하게 될 거라곤 생각해 본 적이 없었다.

나는 살면서 몇 번의 다이어트를 시도했었다. 그리고 극단적인 시도는 언제나 요요 현상으로 끝난다는 사실을 알게 되었다. 인터넷을 찾아볼 필요도 없었다. 나는 나 자신을 통해 그 사실을 확실하게 알고 있었기 때문이다.

그러나 계속 공부하고, 운동을 통해 그것을 내 몸에 적용하고, 내가 어떤 특징이 있는가를 확인할수록 다이어트가 쉬워졌다. 내 몸무게는 60.2kg까지 내려갔었고, 지금은 61.5kg에 맞춰져 있다.

나는 바지를 전부 새로 사야 했다. 이전 바지는 하나도 맞지 않게 되었기 때문이다. 당연히 돈이 아깝다는 생각은 들지 않았다. 새로운 사이즈의 바지를 사는 일 자체가 기분 좋은 일이어서 따로 다이어트에 대한 보상을 주어야겠다는 생각 같은 건 할 필요도 없었다.

다이어트를 하면서 알게 된 건 생각보다 다이어트는 어렵지 않다는 점이다. 방법을 제대로 이해하기 전까지 나는 다이어트에 두려움이 있었다. 해도 잘 안 되는 일이라고 생각했기 때문이다. 지금은 그렇지 않다. 나는 살이 다시 찐다고 해도 언제든지 뺄 수 있다고 생각한다. 다만 귀찮기는 할 것이다.

주 3회 5km씩 달리기를 해야 하고, 홈트레이닝을 매일 2시간씩 해야 하고, 헬스장에서 근력 운동을 매일 1시간씩 해야 하기 때문이다.

물론 나는 지금도 운동한다. 그러나 삶의 목적이 운동인 것마냥 온종일 하진 않는다. 운동에만 매달리느라 시간 부족으로 다른 해야 할 일을 허겁지겁하거나, 그래도 안 되면 미루는 일은 즐겁지 않았다. 그러니까 내가 식습관을 조절하며 사는 이유는 다이어트가 힘들어서가 아니라 그걸로 낭비되는 시간이 싫어서라고 하는 편이 맞을 것이다.

내가 이 책에서 계속 반복하지만, 쉬운데 가치 있는 일이 세상에 얼마나 있겠는가? 나는 새로운 일에 도전하면서 그 일들이 모두 비슷하다는 사실을 깨달았다. 처음에는 재미있다. 그래서 열심히 할 수 있다. 열정이 넘치는 시기다. 그러나 항상 벽에 부딪힌다.

그 이유는 내가 전문가가 아니기 때문에, 그 일을 처음 하는 사람이기 때문에 마주할 수밖에 없는 어려움이다. 이 어려움을 무슨 수를 써서라도 극복해야 한다. 포기하고 물러서면 그 분야에 대한 흥미를 빠르게 잃게 되고, 그러면 평생 그 일은 실패의 기억으로만 남아버린다. 그래서 나는 최소한 시작한 일은 3번 이상 도전하는 것을 내 신조로 삼았다. 정말 중요하다면 5번도 한다. 그리고 그 안에서 어지간한 일은 해결되었다. 만약 이런 과정을 거치지 않고 다른 분야로 도망치면 어떤 일이 벌어질까? 똑같은 문제에 부딪히고 또 물러서고 포기하게 될 것이다.

포기도 습관이다. 포기를 너무 자주하는 것은 좋은 태도가 아니다. 학생들이 이 사실을 깨닫는다면, 기분 내키는 대로 도전하는 일은 없을 것이고, 반대로 하던 일을 쉽게 중단하는 경우도 줄어들지 않을까? 동시에 어떤 일을 시도하든 반드시 어려움에 부딪힐 수밖에 없다는 사실을 안다면, 도전하는 일에 그토록 겁을 먹지도 않을 것이다. 어떤 일을 하든 어려움은 늘 닥칠 것이므로 반대로 어떠한 변명도 무의미하다는 사실을 깨닫는다.

가치가 있는 일이라면 마음에 드는 일부터 하라고 권하고 싶다. 어차피 일이 진행될수록 마주하는 어려움은 늘 있는데, 재미도 없고 관심도 없으면 스스로를 합리화하게 되기 때문이다. '그래, 어차피 하고 싶지도 않았고, 나에게 맞는 일도 아닌데 그만둬야지'하고 말이다. 학생들은 늘 너무 많은 계산을 한다. 어떤 분야가 유망한가? 어떤 걸 택해야 좀 더 쉬운가? 이에 대한 내 대답은 '세상에 그런 건 없다'로 정리된다. 예측은 필요하지만, 세상은 예측대로만 흘러가는 것도 아니지 않은가.

유럽 국가들이 관광 대국이고, 제조업 국가 이상으로 돈을 잘 벌고, 그러니 우리도 그들을 따라 해야 한다고 이야기되던 시절이 있었다.

그러나 이는 코로나19 사태가 발생하기 이전까지의 일이다. 코로나19 상황에서 살아남은 국가는 우리나라와 같은 제조업 국가들이다. 사람은 집안에만 있어도 무언가를 계속 소비하며 살아야 하기 때문이다. 반면 여행은 하면 좋은 것이지 안 한다고 큰일이 나는 것도 아니다. 게다가 여행 자체가 불가능한 상황이 되어버렸다.

이처럼 삶은 어찌 흘러갈지 알 수 없으므로 작은 일에 크게 기뻐하거나 낙심하지 않는 태도를 지녀야 한다. 그리고 자기가 정한 분야에 혼신의 힘을 다 쏟아보아야 한다. '도대체 내가 그 일을 어떻게 했었나. 다시는 그렇게는 못하겠다' 싶을 정도로 말이다.


아인슈타인은 "어제와 똑같이 살면서 다른 내일을 기대하는 것은 정신병 초기증세이다."라고 말했다.

시도하지 않는 한 어제와 같은 오늘이 반복된다. 당신이 매일 똑같은 삶을 살아서, 도무지 특별한 것이 없어서, 새삼 일기장에 무언가를 기록할 필요조차 느끼지 못한다면 그건 분명 당신 탓이다.

정확히 말하자면 아무것도 도전하지 않고 계산만 하고 있는 당신 탓이다. 어차피 세상은 바뀌지 않는다. 바꿀 수 있는 것은 자신뿐이다. 그러므로 어제와 다른 모습으로 자신을 바꿔보라. 어제 하지 않은 일을 하라.

집에 가는 길에 보지 않던 하늘을 한 번 더 보고, 눈길을 주지 않은 꽃을 보고, 글재주가 없는 자신을 그러려니 하지 말고 감사 일기를 써보라. 세상을 관찰하고 그 안에서 자신을 변화시킬 방법을 찾으라. 도전은 멀리 있지 않다. 새로운 내가 되기로 결심하고 노력하라.

반복해서 말하겠다. '잘 할 수 있을까'를 계산하지 말고 '어떻게 하면 잘할 수 있을까'를 생각하라. 그리고 그 일을 하라. 그러면 당신은 되고 싶은 당신이 될 테니까 말이다.

• 이번주 할일 •

☐ 지우고 싶은 실패의 기억 하나 찾기

☐ 그 일을 잘하기 위한 방법을 하루 30분씩 공부하기

☐ 실행한 결과와 이유를 기록으로 남기기

• Memo •

# 순응

인생에서 성공하려면 인생 그 자체는 공평하지 않다는 사실을 이해하고 받아들여야 한다. 합리적인 사람들이 종종 함정에 빠지는 경우가 이 경우다.

그들은 자기 삶이 불만족스러운 이유가 현실이 잘못되었기 때문이라고 생각한다. 물론 그건 사실일 수 있다. 그러나 또 다른 사실은 불만만 많은 사람이 성공하는 경우 또한 없다는 점이다.

거기에 더해 현명한 사람은 온건한 방식으로, 그리고 조금씩 자기 주변을 바꿔나간다. 다시 말하면 그들은 일단 불합리한 상황을 받아들이고 그 상황에 인내하고 받아들일 줄 안다. 그렇지 못하면 그 자신이 위태롭게 됨을 알기 때문이다.

상앙商鞅은 중국 전국시대 인물이다. 그는 스스로를 유학자라 칭했지만 사실은 법가 사상에 심취한 인물이었다. 위나라 혜왕에게 쓰임을 받지 못해, 진나라로 가서 자기 뜻을 펼쳐보였다.

그는 재상의 자리에 올라 20년간 정치를 했다. 마을을 다섯 가구나 열 가구로 묶어 상벌을 함께 주는 오가작통법, 거래에서 눈속임이 없게 하기 위한 도량형 통일, 국가에 얼마나 공을 세우느냐에 따라 작위를 부여하기 위한 계급 차등화, 세금을 더 걷고 귀족을 약화시키기 위한 일부 노예제도의 폐지는 모두 그의 주도로 이루어진 일들이다.

상앙은 이런 일을 통해 약소국이었던 진나라를 단숨에 패자霸者의 지위에 올려놓는다. 문제는 그가 취한 방식이 많은 사람의 반감을 불러일으켰다는 점이다. 상앙의 정책은 귀족의 힘을 억누르는 데 집중되어 있었다.

역사적으로 왕과 귀족의 권력 싸움은 시소게임이라고 할 수 있다. 어느 한쪽을 강화하려면 다른 한쪽은 약화시켜야 한다. 상앙의 왕권 강화책은 필연적으로 귀족들의 미움을 살 수밖에 없는 정책이었다. 그러나 귀족은 그렇다 쳐도, 세상이 공평해지면 힘이 없는 사람들이 혜택을 볼 테고, 그러니 상앙의 정책은 평민들이 반기는 게 당연할 터였다.

그런데 실제로는 그렇지 않았다. 정확히는 상앙을 두려워했다고 해야 맞을 것이다. 이는 강력한 법 시행으로 숨도 쉬기 어려운 당시 분위기 때문이었다. 상앙은 평민들이 엄격한 법에 대해 불평하면 처벌했고, 반대로 법 때문에 나라가 안정되어 좋다고 칭찬해도 처벌했다. 상앙이 생각하기에 평민은 법에 말없이 따라야 하는 존재였기 때문이다. 법 자체에 대해 이러니저러니 평가할 자격은 그들에겐 없었다.

그런 상앙의 법 집행에 예외가 있을 리 없었다.

어느 날, 상앙이 만든 법에 태자가 걸려들었다. 태자가 법을 어긴 것이다. 그러나 다음 왕이 될 태자를 처벌하는 것은 현실적으로 불가능한 일이었다. 그래서 상앙은 태자의 스승에게 죄를 묻는다.

태자의 스승은 진왕 효공의 형제로 태자에게는 큰 삼촌인 공자 건虔이었다. 상앙은 법에 따라 그의 코를 베었고 먹물로 얼굴에 문신을 새겨 그가 죄인임을 천하에 알렸다. 태자는 직접 처벌받지 않았으나 이러한 상앙의 처사를 모욕으로 받아들였다. 그리고 반드시 복수하기로 맹세하였다.

시간이 흘러 태자는 왕위에 올랐는데 그가 효혜왕<sup>孝惠王</sup>이다. 효혜왕은 상앙이 반란죄를 저질렀다며 누명을 씌운다. 상앙은 죽임을 당할 것을 알고 도망치다 한 여관에 머물려 했다. 그러나 여관 주인은 신원이 불확실한 자를 재우면 법에 따라 처벌받는다며 거절한다. 그 법은 상앙 자신이 만든 법이었다.

후대 사람들은 이를 가리켜 '자기가 만든 법으로 자기 목숨이 위험에 처한다'는 의미로 '작법자폐<sup>作法自斃</sup>'라고 했다. 그는 간신히 도망쳤지만 효혜왕의 집요함은 끝 간 데를 몰랐다. 상앙은 결국 진나라 군대의 공격을 받아 죽임을 당한다. 그러나 그걸로 끝이 아니었다. 분노한 효혜왕이 그의 사지를 찢는 거열형을 실행하고 삼족을 멸하는 연좌제까지 실시했기 때문이다. 이 또한 상앙이 만든 법에 의한 것이었다.


이번에는 내가 존경하는 분에 관한 이야기를 해 보고 싶다. 그분은 세상에 대한 순응 능력이 뛰어난 사람이다. 그분이 세상을 보는 기준은 옳고 그름이 최우선이 아니다. 그러면 갈등이 커진다는 사실을 알기 때문이다. 대신 '이 상황에서 가장 좋은 해결책은 무엇인가'를 매 순간 묻고 그 답에 따라 움직인다. 차분한 데다 설득력도 있어서 화를 내러 왔던 사람조차 그분의 말을 듣고 만족해서 돌아간다.

나는 그분보다 뛰어난 문제해결사를 본 적이 없다. 비슷한 사례로 윌리엄 H. 맥레이븐이 쓴 『침대부터 정리하라』에는 이런 구절이 있다. "평범한 사람과 위대한 사람이란 모두 삶의 불공평함에 대처하는 그 사람의 태도에 의해 결정된다. 헬렌 켈러와 넬슨 만델라, 스티븐 호킹, 말랄라 유사프자이가 그랬다."


불행이 찾아올 때마다 왜 하필 나냐고 묻는 학생들을 볼 때가 있다. 그 학생들은 친구도 함께 떠들었는데 왜 나만 혼내느냐고 따져 묻는다.

이는 현명한 태도가 아니다. 적어도 두 가지 점에서 그렇다. 자신의 잘못을 반성할 기회를 잃었다는 점에서 그렇고, 지금까지 함께 떠들던 친구를 적으로 돌린다는 점에서 그렇다.

그런데 많은 학생이 그런 실수를 한다. 모든 불행은 나를 피해가야 하고, 나만 아니면 된다는 짧은 생각이 그런 행동을 하게 만든다. 그런 학생들을 볼 때마다 드는 감정은 단순한 화가 아니다. 삶을 살아가는 태도가 어떠해야 하는지를 아직 배우지 못한 사람에 대한 안타까움이다. 삶이 늘 공평할 수 는 없다. 게다가 이번에 옆 친구가 운 좋게 걸리지 않았더라도 다음번에는 걸릴 확률이 대단히 높다. 사람의 태도가 하루아침에 바뀌는 게 아니기 때문이다.

그런데 거기까지 생각이 미치지 못한다면 이는 어리석은 것이다. 자신의 태도를 돌아보는 이는 성장하지만, 타인의 말과 행동에 일일이 반응하는 이는 그 어떠한 것도 기대할 수 없다.

행복하게 사는 방법은 다음과 같다. 일단 불평을 멈추라. 그리고 삶에 순응하라. 그다음 세상을 바꾸려 하기 전에 자기 삶부터 개선해나가라.

공자도 자신을 먼저 다스려야 세상을 평안케 할 수 있다고 하지 않았던가. 불평은 쉽다. 그러나 불평을 멈추는 일은 그렇지 않다. 불평을 하지 않는 사람들의 공통점은 자신을 보다 큰일에 쓰게 하려고 노력한다는 점이다. 불평하는 사람이 큰일을 이루어냈다는 이야기를 나는 들은 적이 없다. 위대한 이들은 주어진 삶을 변화시켜서 먼저 스스로를 더 나아지게 하고, 그다음 세상을 더 나아지게 하려 애썼다.

예를 들어 마틴 루터 킹이 흑인에 대한 차별에 불평하고 끝낸 것이 아니라, 시민 불복종 운동을 전개한 것처럼 말이다. 그가 불평만 많은 평범한 사람이었다면 그토록 많은 흑인이 그를 따랐겠는가? 그러니 묻는다. 당신이 불평하는 것은 무엇인가? 그러한 불평을 멈추고, 당신을 보다 위대하게 만들 수 있는 그 일을 하라. 위대한 존재는 처음부터 위대했던 것이 아니다. 그들은 위대한 업적을 남기려 날마다 반복된 노력을 했기에 위대해진 것이다. 이번에는 당신 차례다. 당신의 불만족스러운 삶을 바꿀 진짜 근사한 계획을 세워라. 그리고 그 일을 하라. 당신의 삶이 더는 불만족스럽지 않을 것이다.

## · 이번 주 할 일 ·

☐ 삶의 불만족스러운 부분을 불평하지 않기

☐ 문제를 해결하기 위해 할 수 있는 일을 계획하기

☐ 불평하기 전에 계획한 내용을 실행하기

## · Memo ·

# 끈기

한 여인이 파리의 카페에 앉아 있는 파블로 피카소<sup>Pablo Ruiz</sup> 를 알아보았다. 그리고 그에게 다가가 자신을 그려 달라고 부탁했다. 물론 적절한 대가를 치르겠다고 약속하면서 말이다.

피카소는 그 자리에서 그녀를 그려주었다. 그림이 완성되는 데 걸린 시간은 길지 않았다. 그림이 완성되자 피카소는 대가로 50만 프랑<sup>지금으로 치면 대략 1억 원 이상</sup>을 요구했다. 그러자 여자는 놀라서 따졌다.

"선생님이 그림을 그린 시간은 고작 몇 분에 불과했잖아요."

그러자 피카소가 대답했다.

"아닙니다. 당신을 그리는 데 40년이 걸렸습니다."

하나의 재능이 꽃을 피우는 데는 시간이 걸린다. 평범한 기술자가 명인의 경지에 오르는 데는 그만한 대가를 요구받는다. 그 대가는 고도의 집중력과 인고의 세월이다.

원시 사회는 공산 사회였다. 모두가 함께 사냥을 나가고 평등하게 각자의 몫을 분배받았다. 이러한 공산주의는 농경의 시대에 들어서면서 깨진다. 각자 다른 수확량에 따라 계급이 발생했기 때문이다.

토지에 기반한 생산 구조는 중세 시대에도 바뀌지 않았다. 여전히 부가 만들어지는 곳은 토지였고, 그 토지를 얼마나 많이 소유했느냐가 계급을 결정했다. 그래서 지주와 농노의 계급 차이는 좁혀질 수 없었다.

산업화의 시대는 더 암울했다. 경영자는 자기 공장에 소속된 사람을 부품으로 취급했기 때문이다. 헨리 포드Henry Ford는 도축장에서 컨베이어 시스템을 보고 그것을 자기 공장에 도입하였다. 그러자 컨베이어 벨트 앞에 선 사람들은 불행해졌다. 분업을 통해 같은 일만 반복하면서 생산성은 높아졌지만 자신이 하는 일의 의미는 찾기 어려워졌기 때문이다. 자동차 오른쪽 앞바퀴를 계속 조립하는 조립공은 자신이 자동차의 일부를 만들고 있음을 안다.

그러나 자신이 작업하는 차가 완성되는 모습을 볼 수는 없다. 그는 계속 자동차 오른쪽 앞바퀴만을 볼 뿐이다. '전체'를 볼 수 없기에 그는 자신이 하는 일의 의미를 모른다. 자신이 전체를 위해 얼마만큼의 기여를 하고 있는지, 어떠한 가치를 창출하고 있는지 알 수 있는 방법이 없다.

반면 화가는 그렇지 않다. 화가는 전체를 볼 수 있다. 그들은 자신이 원해서 그림을 그린다. 그리고 자기 그림을 완성할 수 있다. 이는 화가가 자신이 무엇을 하는지 정확히 알 수 있고 완성된 전체를 볼 수 있다는 의미다. 화가가 누리는 삶의 만족도가 공장 근로자보다 높다면 그 이유는 전체를 볼 수 있기 때문이다.

피카소는 그림을 그림으로써 자기 세계를 추구할 수 있었다. 또한 40년간 같은 일을 반복함으로써 대가大家의 반열에 올랐다. 타고난 재능의 발견, 그리고 그것을 일관되게 계발한 결과였다.

누구나 50만 프랑을 요구할 수 있는 것은 아니다. 그럴 수 있는 사람은 자신의 세계를 완성한 사람뿐이다. 삶은 복리의 법칙을 따른다. 이는 성과가 조금씩 나타나는 것이 아니라 몇 번의 단계를 거치면서 기하급수적으로 커짐을 의미한다. 사람들이 그 단계에 이르지 못하는 이유는 그 단계에 가기 전에 먼저 지치기 때문이다. 왜 지칠까? 자기 일을 싫어하기 때문이다. 그럼 자기 일을 싫어하는 진짜 이유는 무엇인가?

첫째는 앞서 말했듯 전체를 볼 수 없기 때문이고, 둘째는 완전하지 않기 때문이다. 완전하지 않다는 말은 아직 장인의 경지에 도달하지 못했다는 뜻이다. 더 쉽게 말하면 사람은 자신이 잘하는 일을 할때 더 좋아한다는 의미다.

예를 들어보자. 사람들이 선호하는 대기업, 관료 조직은 개인이 무언가를 완성하도록 돕는 공간이 아니다. 분업화된 업무의 일부를 맡도록 할 뿐이다. 당연히 재미가 없다. 그러니 진심을 다해 노력하지 않는다.

또한 자신이 맡은 일에 심취하려면 그 일을 잘해 낼 수 있을 때까지 반복하고 노력해야 한다. 못하고 어설프면 누구나 자기 일에 싫증을 느낀다. 그 일은 어렵고, 힘들며, 부담스럽기 때문이다. 그러나 잘하게 되면 그런 생각은 사라진다. 잘할수록 자기가 하는 그 일을 즐긴다.

사람들이 운전면허를 따는 과정을 생각해 보자. 처음에는 본인이 원해서 학원에 등록한다. 그러나 차를 운전하는 일은 생각보다 어렵다. '내가 이 귀찮은 일을 왜 시작했나'하고 후회도 한다. 운전은 온 신경이 곤두서는 일이고, 간단하고 사소한 동작 하나하나에도 신경을 쓰고 잊지 않아야 한다. 그렇지 않으면 시험 때 반드시 떨어진다. 이는 면허를 따고 나서도 마찬가지다. 한동안은 조심스럽게 운전한다. 그러나 1년쯤 지나면 자신감이 붙는다. 잘하게 되었기 때문이다. 잘하면 재미가 붙고 괜히 여기저기 돌아다니고 싶어진다.

차는 똑같다. 달라진 것은 사람의 마음뿐이다. 일도 그렇다. 처음에는 하기 싫던 일도 3번씩 3번을 반복하면 손에 익는다. 그러면 리듬이 생긴다. 리듬이 생길 때가 그 일을 즐길 수 있는 때다. 일에서 짜증과 두려움만 느낀다면 아직 리듬이 생길 정도가 아니기 때문이다.


끈기는 우리가 성공할 수 있도록 돕는다. 세상을 살아갈 때 도움이 되는 것은 여우가 아니라 낙타를 닮는 데 있다. 낙타는 끈

덕지게 사막을 걷는다. 속도는 여우가 빠를지 모르지만 쉬지 않고 움직이는 쪽은 결국 낙타다. 가르치면서 낙타보다 여우가 되기를 원하는 학생을 많이 만나보았다.

그러나 나는 여전히 진정한 성공은 여우가 아니라 낙타의 몫이라고 생각한다. 피카소는 여인의 그림을 그리는 데 40년을 썼다고 말했다. 얼마의 시간이 걸리든 그것은 중요하지 않다. 중요한 것은 우리가 걷고 있는 이 길에도 언젠가 끝은 있다는 사실이며, 바로 거기에서 우리는 비로소 찬연히 빛나는 우리가 걸어온 길을 되돌아볼 수 있다는 점일 것이다.

## · 이번주 할일 ·

☐ 나에게 평생 해줄 수 있는 가장 좋은 일 찾아보기

☐ 날마다 어제보다 집중하는 시간 1분 더 늘리기

☐ 지치지 않고 노력하기 위해 매일 운동하기

## · Memo ·

# 후기

수업 시간에 이런저런 삶을 살아가는 자세, 세상을 잘 사는 방법, 원하는 것을 얻는 법 등을 종종 이야기했다.

솔직하게 그런 이야기를 해 주는 어른은 생각보다 찾아보기 어려운 것 같다. 이유는 두 가지라고 생각한다. 일단 자신도 어떻게 살아야 하는지 깊이 생각해 보지 않았고, 살아가는 기술에 대해 입에 올리는 것이 어딘가 속물적이라고 생각해서인지도 모르겠다.

하지만 나는 있는데 없는 척, 없는데 있는 척 하는 삶이 더 이상하다고 생각한다. 욕망은 있는 것이다. 그러면 그 욕망을 어떻게 하면 내 삶에 도움이 되게 할 수 있을까를 말하고 싶었다. 없는 것은 현실이다. 꿈을 '있는' 현실로 만드는 방법이 무엇인지도 말하고 싶었다. 사실 내 수업을 듣는 학생이라면 자주 듣는 이야기이긴 하지만, 그 학생들도 들을 때만 재미있어 할 뿐 듣고 나면 잊어버렸을 것이다.

우주의 큰 축은 두 가지 존재로 구성된다. 하나는 '나'고, 또 하나는 '너'다.

철학은 두 가지 질문에 대한 답을 구하는 학문이다. '첫째, 나는 어떤 존재인가? 둘째, 나를 제외한 나머지는 어떤 존재인가?'가 그것이다.

나와 나를 둘러싼 세계를 이해하는 사람은 당연하게도 세상을 현명하게 살아갈 줄 안다. 이런 존재는 위험을 피하고, 불운에 동요하지 않으며, 자기 삶에 만족하면서도, 그러한 만족을 더 키우기 위해 무리하지 않고서 노력할 줄 안다. 그러기 위해 스스로를 단속하면서도 얽매이지 않을 수 있고, 남에게 흔들리지 않으면서도 남과 함께 하는 법을 안다.

요즘에는 혼자 사는 법에 관한 책이 유독 많은 것 같다. 그러나 착각해선 안 된다. '인생은 혼자'라는 말이 '누구나 혼자 살 수 있다'는 말은 아니다. 이는 누구나 자기 삶에 전적으로 책임

을 지고 살아가야 한다는 말이지, 내 마음대로 살겠다는 의미는
아니기 때문이다.

사람은 자신에게, 그리고 타인에게 스스로를 끊임없이 증명
하며 살아간다. 그래서 우리는 태어나자마자 이름을 부여받는
다. 나는 누구임을 알리고 증명해야 하기 때문이다.

그러나 그 이름은 반쪽에 불과하다. 부여받은 이름을 완성하
는 것은 결국 자신이기 때문이다.

옛이야기 중에 이런 이야기가 있다. 마을에 이상한 관상쟁이
가 있었다. 탐욕스럽고 인색한 부자를 가리켜 만 사람을 기쁘게
할 상이라고 하고, 가난하지만 착하고 남을 잘 돕는 이를 가리켜
만 사람을 상하게 할 사람이라고 평가하는 관상쟁이에 관한 이
야기였다. 사람들은 관상쟁이의 해석이 이해가 되지 않아 그게
무슨 뜻이냐고 물었다.

그러자 그 관상쟁이는 이렇게 답한다. "탐욕스럽고 인색하여
남의 사정을 봐주지 않는 이가 죽으면 만 사람이 기뻐할 것이고,
착하고 어질게 사는 사람이 죽으면 만 사람이 가슴을 치며 애통
해할 것이 아니냐"고 말이다. 관상쟁이 말대로다.

우리에 대한 생전의 평가는 두려운 것이 아니다. 진짜 두려운 것은 우리가 죽음을 맞이했을 때의 평가다. 어떤 사람은 죽고 나면 끝인데 죽은 뒤가 무슨 상관이냐고 한다. 그렇지 않다. 가장 마지막의 심판은 번복되는 일이 없기 때문이다.

결국 우리가 삶의 여러 지혜를 배우고, 그것을 자신에게 적용시키며 살아가야 하는 이유가 여기에 있다.

우리는 현재에 충실함으로써 우리의 미래를 준비할 수 있다. 그러한 삶의 기술을 익혀 살아가는 태도로 습관화하지 않으면 우리는 더없이 힘들게 세상을 살아가야 할 것이다. 한 사람의 가치는 그가 지닌 태도로 결정된다. 그리고 어떤 사람이 가치 있다면 그러한 가치에 맞는 성공과 행운이 저절로 따라온다. 성공은 사람이 지닌 가치에 달린 것이지 그의 재테크 기술에 달린 것이 아니다. 돈을 멀리하라는 의미가 아니다. 세상을 잘 살려면 무엇을 먼저 배워야 하는지를 분명하게 알아야 한다는 의미다. 그것을 놓치지 않고 일찍 준비를 시작한다면 당신은 당신이 원하는 존재가 되어 있을 것이다.


습관이란 무서운 것이다. 우리가 어떤 일을 어김없이 해내도록 만드는 것이 습관이다. 그러나 습관의 형성은 어렵다. 이 책에서 설명한 덕목들을 습관으로 한 번에 만들 수는 없다. 그러나 반복은 습관을 형성하는 유일한 길이다. 쉽게 되지 않는다고 포기하지는 말자. 본문에서도 계속 말했듯이 가치 있는 것은 쉽게 손에 넣을 수 없다. 가장 형성하기 어려운 습관이 그대에게 가장 가치 있는 습관이 될 것이다.

이제 하나의 이야기를 끝냈다. 그러나 나와 여러분의 관계는 계속될 수 있다. 더 다양한 사람들과 함께 의견을 나누고 더 많은 정보를 얻고 싶다면 저자가 활동하는 카페(https://cafe.naver.com/taracafestory) 에 방문해 보는 것도 도움이 될 것이다. 그리고 나는 그곳에서 여러분과 함께 고민하고 성장할 수 있음을 기쁘게 생각할 것이다.

1일 1실천 습관은 너의 삶의 가치를 높여줄 거야!

# 십대, 좋은 습관 1일 1실천

초판 1쇄 펴낸날 | 2021년 11월 25일

지은이 | 이형준
펴낸이 | 도서출판 피플앤북스
공급처 | 도서출판 하늘아래

주소 | 경기도 고양시 일산동구 하늘마을로 57-9 3층 302호
전화 | 031-976-3531
팩스 | 031-976-3531
이메일 | haneulbook@naver.com

등록번호 | 제 300-2006-23호

© 피플앤북스, 2021

ISBN   979-11-5997- 067-2 (43190)